W0276884

La manipulation affective dans le couple

Pascale Chapaux-Morelli
Pascal Couderc

La manipulation affective dans le couple

Faire face à un pervers narcissique

Albin Michel

© Éditions Albin Michel, 2010

Introduction

La question de la manipulation suscite actuellement de plus en plus l'intérêt, en particulier lorsqu'elle se pose au sein du couple et qu'elle prend alors la forme et le nom de « perversion narcissique ». D'où vient cette inquiétude croissante ? La société moderne offrirait-elle un terrain de culture idéal pour ce type de gangrène relationnelle ? Y a-t-il de nos jours plus de manipulateurs qu'autrefois ?

La manipulation, au sens commun du terme, concerne ces petites manigances qui s'exercent à l'intérieur du couple – et même de tout groupe – dans le but plus ou moins conscient d'installer son pouvoir. Bien que désagréables pour celui ou celle qui les subit, elles ne constituent pas un délit. Toute relation humaine entraîne un rapport de forces, personne ne peut y échapper. Elle englobe des mécanismes incontournables, renforcés par le contexte dans lequel s'inscrit le couple aujourd'hui. L'autre n'est souvent qu'un objet destiné à procurer des satisfactions immédiates ; et une fois cette satiété atteinte, les conflits « semblent » insupportables et entraînent la rupture.

L'observation de la manipulation ordinaire, « normale » dans la mesure où elle est presque inévitable, peut cependant contenir les prémices d'un fonctionnement pathologique, celui du manipulateur pervers, qui pousse l'entreprise jusqu'à opérer une destruction de son objet, l'autre.

Il est particulièrement important de s'attacher à localiser l'instant et le degré qui font basculer ces situations quotidiennes dans leur versant pathologique et donc dévastateur. C'est le propos de la première partie de cet ouvrage, qui s'attache ainsi à définir la notion de manipulation et ses différentes formes d'expression.

Nous avons choisi, dans la deuxième partie de ce livre, de nous adresser de façon privilégiée aux femmes, parce que ce sont elles qui, dans la quasi-totalité des cas, affrontent les conséquences d'une relation avec un pervers narcissique. Ces femmes ont d'ailleurs nombre de points communs avec les femmes battues ; elles doivent faire face aux chantage, humiliations, brimades, reproches, faux remords et repentances fugaces de la part de leur conjoint ou compagnon. Elles subissent donc une maltraitance.

De la manipulation affective dans le couple à la perversion narcissique, le pas reste cependant grand : manipuler, plus ou moins selon les cas, est une tentation, voire le travers d'un certain nombre d'individus. Il s'agit d'induire l'autre à accomplir des actes qui vont à l'avantage du manipulateur. Le pervers narcissique, lui, met en œuvre la tactique de la manipulation, mais son emprise n'est pas simplement ponctuelle, elle est constante et globale.

Tous les ménages rencontrent des obstacles, des difficultés, des mésententes. L'un veut souvent dominer l'autre, avoir toujours raison. C'est le lot de nombre de couples, une dynamique relativement usuelle dans les rapports humains. Le pervers narcissique, en revanche, va jusqu'à moduler à loisir la personnalité de sa partenaire. Il lui soustrait à la fois sa volonté, son estime de soi, son avenir, son élan… sa vie.

S'adresser aux femmes en tant que victimes éventuelles ou potentielles n'est donc pas seulement un choix, c'est aussi et surtout un devoir, au regard des conséquences dévastatrices qu'une telle emprise peut avoir : dépression, incapacité d'avancer, dépendance, suicide...

Vous vous sentez étouffée dans votre relation de couple ? Il vous critique à tout-va, par insinuations ou indirectement, vous donnant petit à petit une image dévalorisée de vous-même ? Vous vous sentez nulle, bonne à rien, alors que vous essayez de le contenter ? Les autres, votre famille, votre entourage ne comprennent pas vos doutes et vos angoisses, car votre conjoint est au contraire considéré par eux comme un compagnon ou un mari modèle ? Vous sentez-vous humiliée et votre partenaire vous donne-t-il parfois l'impression de jouir de cette humiliation ? Vous n'avez plus, ou peu, d'ami(e)s ; il vous a peu à peu éloignée d'eux ? Est-il très différent à la maison et au-dehors ? Est-il revêche à toute critique, incapable de se remettre en question, d'admettre ses erreurs, petites ou grandes ? Il vous accuse souvent, de tout et de rien, et vous avez la sensation que vous n'arrivez jamais à le contenter quoi que vous fassiez ? Cependant, par moments, il est à nouveau gentil, prévenant, mais de plus en plus rarement ?

Alors, il est possible que votre relation soit basée sur un mode pervers.

Qu'est-ce qu'un pervers narcissique ? Du latin *perversus* qui signifie « renversé », on associe au terme de « pervers » méchanceté et cruauté, ou même déviance – particulièrement au niveau sexuel. Jusqu'à récemment, la perversion ne concernait d'ailleurs que la sphère sexuelle. Le mot « pervers » désigne donc une attitude contraire à l'usage commun, à la bonté, à l'empathie envers autrui. Mais il désigne également celui qui est capable de mettre en œuvre une stratégie telle que ses agissements cachent son but réel. Le pervers narcissique choisit un ou plusieurs masques, qu'il revêt habilement : il séduit pour mieux frapper par la suite, se démène pour la famille, se « met en quatre » pour l'autre, alors que c'est justement cet « autre » qui sera bel et bien « dépecé ». Le pervers s'affiche souvent comme une victime – c'est même l'une de ses tactiques de retranchement préférées. L'adage ne dit-il pas que l'attaque est la meilleure défense ? Mais parce qu'il se sent lui-même victime, il est aussi dans une démarche d'auto-réparation.

Cet aspect que constitue le « renversement » est fondamental chez le pervers narcissique : il renverse les situations (la personne qui subit est soudain accusée), il se présente comme dévoué alors que, pour lui, l'autre n'existe pas (ou mieux : l'autre n'existe qu'en fonction de son utilité, de sa « capacité » à être exploité, à le « nourrir »), il fait croire qu'il aime alors qu'il n'éprouve aucun sentiment durable (et nous reviendrons sur cette vacuité émotionnelle du pervers narcissique), il s'exprime verbalement dans un sens et agit dans l'autre (par exemple, il dit « je t'aime », mais maltraite à l'excès, parce que ces mots-là ne représentent rien pour lui ; ce ne sont que des paroles vides), bref, tout est *renversé*… L'effet de miroir est, en effet, le principal vecteur des « échanges » entre le pervers et son objet. L'autre ne sert qu'à lui renvoyer une image idéale de lui-même.

Ce comportement trouve cependant un équilibre grâce à une autre composante majeure de sa personnalité, à savoir un narcissisme excessif, poussé à l'extrême. Car le pervers narcissique s'adore. C'est du moins ce dont il essaie de se convaincre…

Tout un programme dont nous allons examiner les méandres. Le terme de programme est d'ailleurs tristement adéquat : il existe un scénario relativement « standard » quant au déroulement de la relation entre le pervers narcissique et sa compagne, même si chaque situation possède ses particularités propres.

Enfin, notons-le, si tous les pervers narcissiques sont bien sûr des manipulateurs, tous les manipulateurs ne sont pas des pervers narcissiques. Maigre consolation, il est vrai...

Né de l'observation empirique des manipulations affectives dans les couples par une profane, ce livre n'aurait pu aboutir sans le regard du psychanalyste, riche de sa clinique et de son expertise, venu éclairer la réflexion, l'enrichir et l'étayer. Nous nous sommes ainsi associés afin d'aider le plus grand nombre à prendre le recul nécessaire pour avoir le courage de sortir de ces situations.

Avertissement

Les témoignages présentés dans ce volume sont ceux d'anciens patients (dans ce cas, les noms et détails ont été modifiés), ou de personnes spécialement interviewées dans le cadre de ce travail de recherche et de réflexion.

I

LE COUPLE ET SES DÉBOIRES : LA MANIPULATION ORDINAIRE

1

Il était une fois dans le couple...

Trente ans après les mouvements sociaux qui ont conduit à la libération des mœurs, l'évolution du statut de la femme semble avoir porté ses fruits. L'aménagement de textes législatifs, l'organisation d'associations de soutien aux victimes et la mise en place de numéros verts ont permis peu à peu une véritable prise de conscience des éventuelles culpabilités au sein du couple (telle la violence conjugale). Aujourd'hui, les victimes parlent parce qu'elles savent qu'elles seront entendues. Il y a quelques années encore, si une femme avait qualifié son compagnon de pervers narcissique, en décrivant la violence morale et/ou physique qui s'y rattache, on l'aurait prise pour une extravagante, ou une « hystérique ». Le terme même de « pervers narcissique » aurait laissé perplexe plus d'un interlocuteur…

Aujourd'hui, tout est différent. Le mécanisme social qui s'est mis en route avec la reconnaissance de ces situations produit un effet boule de neige : les lois libèrent la parole, laquelle attire l'attention et l'intérêt de la société qui, à son tour, veille progressivement à ce que ces maltraitances soient punies. Cependant, une meilleure compréhension de ces phénomènes ne doit pas pour autant les faire tomber dans la désuétude. Il faut donc continuer d'en parler, car seul le maintien d'une sensibilité et d'une écoute attentive à l'égard de ces problèmes portera à les éviter. À l'inverse, l'excès de « publicité » risquerait de favoriser une « judiciarisation » de la vie privée ou de voir des pervers narcissiques à tous les angles de rues.

En ce début de XXIe siècle, le contexte économique et social rend la compétition croissante et omniprésente dans notre vie quotidienne et celle-ci a évidemment une incidence sur les relations amoureuses. L'autre est vu comme un antagoniste à surpasser. Le Moi est souverain, exalté. L'individualisme atteint des sommets.

Certaines situations qui pouvaient passer jusqu'alors inaperçues au sein des foyers remontent ainsi plus facilement à la surface aujourd'hui. Les femmes osent s'exprimer ; la « visibilité » est accrue.

Qu'est-ce qu'une famille ?

La définition du couple est aussi floue, de nos jours, que celle du mot « famille ». Cette dernière a d'abord longtemps été de type « patriarcal », avec un homme dominant à sa tête et plusieurs foyers rattachés : le père et la mère, les enfants et leurs conjoints, les petits-enfants. Le couple était alors plus encadré parce qu'au centre même de la famille. L'intimité était peu respectée, la vie commune générant une grande promiscuité : on vivait souvent en groupe, dans de grandes maisons familiales. Cette structure avait des effets directs sur les époux : tout d'abord, la famille consistant en un groupe compact, cette deuxième « enveloppe » autour du couple, comme une coque aussi protectrice que contraignante, avait pour effet de le rendre plus solide (par la force des choses, on osait moins le défaire). D'autre part, le patriarche, avec son rôle de « dirigeant » aux commandes du groupe familial, représentait un pouvoir externe au couple, qui pourtant influait sur celui-ci. Le couple, en somme, devait céder à certains compromis ; il était partiellement soumis à une autorité tierce, voire à un véritable joug. Mais les décisions étaient prises par le père, en tant que chef de la famille. Enfin, la promiscuité de cette vie empêchait souvent le dialogue entre les époux, ou l'entravait tout du moins.

Le couple sous régime patriarcal suivait donc un rythme strictement lié à cette façon de vivre. Georges et Aline, retraités, racontent leur expérience :

> « Nous nous sommes rencontrés à un bal de 14-Juillet, sur la place du village où nous habitions tous deux, dans le Cher. Je venais de terminer mon service militaire et je m'apprêtais à prendre ma place aux côtés de mon père dans son exploitation viticole, raconte Georges. Aline était très jolie. Elle portait une robe jaune pâle ce jour-là, au bal ; je me souviens très bien ! »
> « Lui aussi était beau..., poursuit Aline. On s'est mariés au bout de trois mois. Nous étions si amoureux que nous ne voulions pas attendre, et puis, comme j'habitais à trente kilomètres de là et que Georges avait beaucoup de travail, on a préféré fonder rapidement une famille. Je suis allée vivre au Domaine. On l'appelle comme ça parce que c'est une très grande maison qui domine les vignobles appartenant à la famille de Georges. Il est le fils cadet de trois enfants. Sa sœur n'était pas mariée ; son frère aîné vivait au Domaine avec sa femme. Nous étions logés dans les combles, aménagés pour l'occasion et transformés en mini-appartement. Nous y sommes restés jusqu'à la naissance de notre deuxième enfant, puis nous avons pris une maison dans le village, mais j'ai un très bon souvenir de ces années ; ça tenait chaud au cœur, tout cet entourage. »

Dans les années 1950, à cette famille large (mais non « élargie » comme elle peut l'être aujourd'hui...) a succédé la famille de type « conjugal », aussi nommée famille « nucléaire[1] », soit un noyau familial généralement constitué du père, de la mère, et des enfants.

> « Nos enfants, eux, ont fait des études, dit Aline, toute fière. Quand ils se sont mariés, ils sont partis vivre en ville. Ils n'auraient jamais envisagé de vivre avec nous, et c'est normal : les jeunes d'aujourd'hui ont besoin qu'on les laisse tranquilles. Ils ne veulent plus être surveillés comme nous l'étions. C'est l'évolution qui veut ça, tout change. On n'y peut rien. »

Dans la famille conjugale, le lien entre les époux était assuré par le mariage et, si l'homme, encore doté du statut de chef de famille, travaillait, la femme restait au foyer, pour élever les enfants.

Ce modèle « traditionnel » est cependant aujourd'hui dépassé. Dorénavant, la famille existe sous toutes les configurations possibles et imaginables : recomposée, monoparentale, etc. Il n'existe plus *un* modèle, fixe et précis. Pour le sociologue François de Singly, une définition actuelle de la famille serait « un collectif intime »... D'après lui, trois grands changements ont jalonné cette évolution : tout d'abord, la fin de la toute-puissance paternelle avec l'élimination du concept de « chef de famille », en 1970 – les mères sont alors reconnues en tant que « parent », l'autorité du père n'étant plus seule et souveraine ; puis, en 1999, la reconnaissance des couples homosexuels et la création du Pacs ; enfin, en 2000, l'énonciation du principe selon lequel les enfants sont des « personnes » au même titre que les adultes[2].

1. Expressions employées par Émile Durkheim. « La famille conjugale », cours de 1892, *Revue philosophique*, 1921.

2. F. de Singly, « Famille démocratique ou individus tyranniques », *Libération*, 27 juillet 2004.

Avec l'évolution des mœurs et des mentalités, les lois changent, et réciproquement.

Marc et Sophie ont choisi de ne pas se marier mais de souscrire au Pacs. Sophie en parle avec enthousiasme : « C'est bien mieux que le mariage, trop rigide pour nous. On sait que l'on pourra se séparer sans avoir à faire des démarches interminables et compliquées si notre couple ne marche pas et, en même temps, nous sommes liés, unis par un pacte concret, qui nous protège chacun. »
« Jamais je n'aurais voulu d'un mariage classique, dit Marc. Ça m'aurait trop angoissé ! Le Pacs, pour moi, c'est vraiment un maximum ! Mais je suis d'accord avec Sophie, il faut un accord qui cadre la relation, sinon c'est trop facile, on peut faire n'importe quoi. »
« Oui, confirme Sophie. Et si tout se passe bien, nous avons l'intention de faire un enfant d'ici deux ou trois ans, mais il faut d'abord que Marc passe en contrat à durée indéterminée dans son entreprise », ajoute-t-elle en souriant.

Vous avez dit mariage ?

La famille ayant évolué, tout ce qui s'y rattache s'en est trouvé simultanément modifié, comme le mariage qui n'est plus vraiment « à la noce ». Bien sûr, les gens rêvent toujours de rencontrer le compagnon ou la compagne de leur vie... du moment. Il suffit, pour le constater, de surfer quelques jours sur les sites de rencontres : beaucoup cherchent l'âme sœur, mais la conception qu'ils ont du couple à former n'est plus du tout la même qu'autrefois. On se marie beaucoup moins qu'avant. Cependant, le mariage est alors choisi avec plus de conscience, sur la base d'une vraie volonté, parfois au bout de nombreuses années de cohabitation. La naissance d'un enfant peut aussi inciter le couple au mariage, mais pas nécessairement : 50 % des enfants naissent aujourd'hui hors mariage, en France.

> Alain et Marie, 30 ans, une fille de 2 ans, en sont le témoignage : « Nous n'avons aucune raison de nous marier, ou alors, dans quelques années, peut-être, quand nous aurons d'autres enfants ! Notre petite fille servira de demoiselle d'honneur ! »
> « Plus sérieusement, dit Marie, nous n'avons pas envie de remettre en question notre équilibre avec un engagement trop fort pour nous, que nous vivrions comme une contrainte. Nous pensons que nous avons plus de chances de rester ensemble en étant libres de toute contrainte légale. Notre fille, c'est ce qui nous unit quoi qu'il en soit. Plus tard, on verra. Peut-être qu'en vieillissant l'envie nous viendra ! »

Enfin, si le mariage n'est guère en vogue, le nombre de divorces a, lui, beaucoup augmenté lors des dernières décennies. L'engagement est même désormais réversible par simple lettre recommandée (concernant le Pacs et le concubinage). Le divorce par consentement mutuel, établi en 1975, a non seulement favorisé les séparations définitives, mais il a aussi eu une incidence notable sur les mentalités : il est désormais acquis que le fait de « rompre » les liens n'est pas si grave. De là à penser qu'il est plus facile de défaire des liens non officialisés antérieurement, il n'y avait qu'un pas : on assiste, parallèlement au phénomène du divorce, à l'augmentation de l'union libre. L'idée de couple n'est donc plus strictement liée à celle de l'attache institutionnelle.

> « Quand on me demande si l'on doit m'appeler madame ou mademoiselle, plaisante Marie, je réponds toujours : mademoiselle, comme sur ma carte d'identité ! J'y tiens beaucoup.

Madame, ça me fait penser à toutes ces femmes à qui je n'ai pas tellement envie de ressembler : trop installées dans une vie fixe. Cela me donne la sensation de quelque chose d'immuable ; c'est angoissant... Moi, je fais un choix tous les jours : celui de partager ma vie avec Alain. »

De nos jours, nombreux sont les célibataires (plus de 10 millions en France). Qui plus est, 16 % des couples, mariés ou non, ne partagent pas la même habitation (source Ined). On les appelle « non-cohabitants », Lat (de l'anglais : *Living Apart Together*), ou « intermittents du couple[1] » ! Cette « race de mutants » est souvent contrainte à renoncer à la vie commune du fait d'impératifs professionnels ou par choix : voici que se profile le couple postmoderne.

C'est le cas de Victor et Francesca, tous deux attachés de presse : « Quand nous nous sommes rencontrés nous avions déjà chacun notre appartement, précise Victor. Moi, dans le septième arrondissement de Paris et Francesca, dans le cinquième. Nous n'avions aucun désir de quitter nos lieux de vie, ni l'un ni l'autre. Francesca a un tout petit deux pièces perché sous les toits, dans une rue très passante, avec un balcon sur lequel elle cultive ses plantes. Pour ma part, j'habite une sorte de loft très moderne avec un large espace central, dans une ambiance zen, calme et feutrée : pas du tout le même style ! »
« Le fait de ne pas partager le quotidien ne nous éloigne en rien, dit Francesca. Au contraire, nous sommes toujours heureux, presque émus, de nous retrouver deux ou trois fois par semaine, pour une sortie, un repas avec des amis, ou tout simplement pour passer la soirée et la nuit ensemble – en général chez Victor. »
« Je ne vois pas du tout en quoi cela nous empêcherait d'être un vrai couple. Tous nos amis nous considèrent comme tels. Nous n'avons pas l'impression de précarité. En revanche, nous

1. P. Lardellier, *Les Célibataires*, Le Cavalier bleu, 2006.

apprécions énormément ce sentiment de liberté que nous procure l'indépendance et puis, sincèrement, je n'ai pas très envie de jouer les maîtresses de maison, ni de laver le linge de mon homme, etc. Être une compagne autonome, c'est plus gratifiant et, pour moi, bien plus agréable ! »

« Faire couple aujourd'hui, ce n'est plus nécessairement partager un quotidien. C'est se déclarer un couple[1]. » Se déclarer un couple, oui, mais comment, si l'on ne se marie plus ? Paradoxalement, ce genre de couple met l'accent sur le lien affectif. Comme le souligne François de Singly, la famille actuelle est une famille « relationnelle[2] » : dans les foyers contemporains, « les relations affectives ont pris le pas sur les contraintes ». Fini le temps des mariages arrangés ou des unions d'intérêt décidées par les parents ! Déjà, dans le couple « moderne », celui des années 1970, chacun préservait sa vie ; l'amour, le couple étaient moins fusionnels.

Aujourd'hui, la rupture est considérée comme possible dès le début de la relation. On appelle cela la « relation pure[3] » : une union égalitaire où l'autonomie de chacun est respectée. Seul le lien affectif garantit l'existence de ce couple ; aucune loi supérieure, aucun principe n'impose qu'il dure, si ce n'est la satisfaction que les partenaires en retirent. Elle est donc définie comme « pure » parce que nul autre critère n'entre en compte.

Dans ce type de couple, la sexualité est « plastique », dissociée de la reproduction, parfois même de la fidélité.

1. Expression de Jean-Claude Kaufmann.

2. F. de Singly, *Sociologie de la famille contemporaine*, Armand Colin, 1993.

3. A. Giddens (2004), « La transformation de l'intimité », Le Rouergue/Chambon, 1re éd. 1992.

« Nous n'avons pas besoin de nous jurer une éternelle fidélité, affirment en chœur Cécile et Franck, qui pourtant vivent ensemble. De toute façon, ça ne servirait à rien. Quand on a vraiment envie de faire quelque chose, on le fait, même s'il faut se cacher. Nous, on se dit tout... ou presque. »
« Quand Franck sort, je ne lui demande pas s'il va voir ses copains, ni dans quel restaurant il va dîner. Nous avons conclu seulement un accord : ne jamais découcher... Je ne pense pas, d'ailleurs, qu'il ait des aventures ; on s'entend très bien, dit Cécile avant d'ajouter : quoi qu'il en soit, il vaut mieux ça plutôt que de se mentir ou se faire des illusions et se séparer quelques années plus tard. »

Tous les couples n'acceptent pas ce laxisme. Beaucoup préfèrent opter pour une autonomie « limitée », une harmonie qui leur paraît plus stable et plus sûre. L'aspect positif de ce schéma est que, pour faire perdurer le lien, les deux partenaires sont a priori contraints au respect mutuel. Or cet apprentissage du respect d'autrui est évidemment bénéfique. C'est ce que le sociologue Serge Chaumier appelle l'amour « fissionnel[1] » : être ensemble n'implique plus de tout partager.

Cependant, cette évolution des usages et des façons de vivre dénote aussi la disparition progressive de l'altérité. L'autre, à force d'être tenu à distance, n'existe plus. On vit en pensant à soi-même, pour soi et avec soi, avec ses propres ambitions professionnelles, selon son gré et ses désirs. Par le passé, la spécificité du couple résidait notamment dans sa capacité à surmonter les différences. On savait « faire des concessions ». Aujourd'hui, cette hypothèse est presque considérée comme ridicule. La solidarité, de manière générale et pas seulement entre conjoints, est beaucoup moins répandue qu'autrefois. L'engagement est a minima. La philosophie du chacun

1. S. Chaumier, *L'Amour fissionnel : le nouvel art d'aimer*, Fayard, 2004.

pour soi règne, et cette négligence à l'égard de l'autre ouvre la porte à toutes les manipulations, puisque le respect a disparu.

Amour et indépendance

Comment concilier, donc, amour et autonomie, puisque c'est le désir de beaucoup de partenaires, au tournant de notre siècle ?

Pour résumer, la relation « pure », telle que nous l'avons décrite précédemment, se déploie sous l'égide du seul lien affectif et sans attaches légales. Il y règne une grande liberté, selon un choix fait d'un commun accord, avec des variantes selon les couples, comme Victor et Francesca, qui ne partagent pas le même toit, ou Cécile et Franck, très « libres » bien que vivant ensemble.

La famille « conjugale », ensuite, unit un couple au sein d'un foyer, sur un modèle relativement traditionnel bien que respectueux, depuis les années 1970, d'une certaine « indépendance » de chacun, même si cette dernière se limite à quelques activités extérieures ou à des détails.

Enfin, la relation équilibrée voit se mêler les notions de lien et de liberté, un subtil dosage entre le « je » et le « nous » : chacun jouit d'une bonne autonomie, mais on partage encore beaucoup.

Tous ces couples se heurtent cependant à l'écueil de l'équilibre idéal. Plus le modèle tend vers le respect de l'autonomie, plus il est évident qu'il va occasionner des besoins contradictoires : le processus d'individualisation (en tant que valorisation de l'individu), à partir du moment où il est à « agir » à l'intérieur d'un couple, est forcément vecteur de paradoxes : on veut tout à la fois être indépendant, autonome, obtenir une reconnaissance personnelle, mais on a aussi besoin de sécurité, d'ancrage, d'amour tout simplement. Chacun veut être regardé suffisamment pour sentir l'attachement indéfectible de l'autre, tout en le tenant à distance respectable d'un jardin privé supposé garantir l'autonomie. Et cette contradiction est d'autant plus délicate à résoudre que l'égalité des sexes est loin de toujours se vérifier ; raison pour laquelle, d'ailleurs, la relation « pure » ne prend pied que difficilement.

> « Malgré l'envie d'indépendance, nous hésitons parfois ; moi, en tout cas, dit Cécile. J'ai l'impression que Franck profite mieux et plus du choix que nous avons fait de garder chacun une part de liberté par rapport à notre couple. Il y a nous, avec nos échanges, ce que nous vivons ensemble, comme les vacances, le cinéma, les parties de rigolade, et puis il y a ce qui n'appartient qu'à lui ou à moi. Par exemple, il ne connaît pas toutes mes amies, et pourtant, nous sommes ensemble depuis cinq ans. Mon espace de liberté personnel se limite surtout à ces amitiés, alors que lui, il fait plus de choses sans moi, et quand on décide de nos soirées pour la semaine, c'est souvent lui qui n'est pas libre, qui a prévu ceci ou cela. En somme, je suis convaincue que nous faisons bien de garder cette autonomie parce que je pense qu'elle nous est bénéfique, mais en même temps il m'arrive de craindre qu'elle n'entame notre relation. Je n'ai pas du tout envie d'un couple précaire. C'est la limite à ne pas dépasser qui est difficile à cerner... Ceci étant, Franck ne m'impose pas de rester à la maison pendant ses sorties à lui ; quand je le fais, c'est que j'en ai décidé ainsi. Heureusement, nous ne sommes plus au temps de nos grands-mères, ni même de nos mères ! La mienne était complètement assujettie à mon père : c'est sans doute ce qui m'a donné le dégoût de la dépendance totale ! »

Il convient de rappeler qu'une femme mariée peut accéder au travail à l'extérieur, sans l'autorisation de son mari, seulement depuis 1966 ! En 1975, la loi précise que le domicile conjugal est choisi d'un commun accord ; le mari n'a plus le « droit » de contrôler la correspondance de son épouse, l'émission de son passeport, etc. Et depuis le 1er janvier 2005, l'enfant peut porter le nom de ses deux parents. Ces décisions récentes prouvent combien le sort de la femme a peu compté dans le couple, du point de vue légal, jusqu'à un passé très proche. Les tensions, les contradictions dont parlent les sociologues et qui régissent l'équilibre du couple, sont loin d'être écartées :

> « Entre mariage institution et amour ;
> Entre indépendance personnelle et dépendance amoureuse ;
> Entre invention de soi et enracinement familial ;
> Entre mérite personnel et héritage familial ;
> Entre émancipation des identités héritées et maintien de la division sexuelle du travail ;
> Entre vie à soi et vie commune ;
> Entre fidélité à soi et fidélité conjugale[1]... »

De ces situations de tiraillement émergent les limites de l'équilibre que le couple essaie de mettre en place. Il existe parfois une quasi-incompatibilité entre l'autonomie, la valorisation de l'individu et la dépendance que suppose le sentiment amoureux. Être aimé, c'est aussi être « validé », approuvé, reconnu par l'autre ; mais l'amour a-t-il besoin pour s'épanouir que cette reconnaissance soit complète ? Quand c'est le cas, cela ne redevient-il pas une forme de dépendance (« je » dépends de « ton » regard) ? Au contraire, si le regard de l'autre est trop « lâche », pas assez serré, approbateur, au plus près de nous, ne se sent-on pas en manque d'amour, presque nié ? Voilà qui nous amène à consta-

1. F. de Singly, *Sociologie de la famille contemporaine*..., *op. cit.*

ter que c'est l'amour lui-même qui est source de tensions, entre contentement et frustration, entre liberté et désir de l'autre.

Alors, dans ce tumulte de paradoxes, c'est souvent la distribution des tâches et du pouvoir, des pouvoirs, qui va régir le fonctionnement de chaque couple.

Pouvoir(s)

Le premier pouvoir auquel on pense, celui que la Nature a bien voulu octroyer, est celui de la maternité. C'est de la force physique et de la fécondité que partent toutes les ramifications de distribution des tâches entre hommes et femmes et donc, de ce qui est susceptible d'attribuer du pouvoir. Comme l'a souligné Françoise Héritier à plusieurs reprises, la différence entre féminin et masculin réside dans la fécondité (pas dans le sexe en lui-même), et c'est par le contrôle de la fécondité et de la reproduction que les hommes ont pu installer leur domination sur les femmes.

La corrélation entre statut de la femme et fécondité, comment l'une influence l'autre, dans les deux sens, a fait l'objet de nombreuses études, présentées notamment en 1988 lors de la célèbre conférence d'Oslo sur le « statut de la femme et l'évolution démographique dans le cadre du développement ».

Mais la maternité représente-t-elle un vrai pouvoir, est-elle réellement plus qu'une capacité physiologique ?

Marie, mère d'une petite Karine et compagne d'Alain, explique : « Karine est une enfant désirée, voulue. Elle n'est pas arrivée par hasard. J'étais donc très contente de tomber enceinte. Ma grossesse s'est bien passée, mais j'ai dû me résoudre à travailler à mi-temps dès le cinquième mois, parce que j'avais beaucoup de contractions et le médecin a préféré appliquer le principe de précaution. Au bureau, mes collègues me regardaient de travers – même les femmes qui pourtant auraient pu me comprendre – parce que, à cause de moi, leur travail augmentait ! Puis Karine est née ; Alain a assisté à l'accouchement. Il m'a beaucoup soutenue, tout comme durant la grossesse, mais c'était quand même sur moi que tout reposait ! Après la naissance, j'ai eu un peu de mal à me remettre ; j'étais très fatiguée. J'ai traversé une période difficile ; Alain m'aidait du mieux qu'il pouvait. Quand nous avons commencé à alimenter la petite au biberon, il se levait parfois la nuit à ma place. Maintenant tout va bien, et si c'était à refaire je le referais, mais il faut quand même avouer que la femme supporte la majeure partie de l'enfantement, avant, pendant, après. Et cela change forcément tout son quotidien. »

La maternité est à envisager comme un don, à la fois plaisant et encombrant, plus qu'un « pouvoir » : elle assigne la femme à un rôle qui risque d'être unique, si cette dernière se trouve totalement accaparée par son devoir. La mère, oui, connaît le mystère de la vie à l'intérieur de soi et, par l'allaitement, savoure le plaisir de nourrir, de « remplir » sur la seule ressource de son propre corps. Par la grossesse puis pendant la période postnatale, elle accomplit un acte de prolongement idéal, mais cela ne lui attribue pas de véritable pouvoir, sinon celui d'être en mesure d'affirmer : « Moi, je sais ce que l'on ressent, j'ai un lien privilégié avec mon enfant. » L'homme, percevant et jalousant peut-être cet avantage, a eu bien vite fait de le rééquilibrer, parfois même de le contrecarrer : on dénombre maints exemples où l'enfant est soustrait à l'attention de la mère, souvent très jeune, soit pour des motifs plus ou moins religieux, soit simplement par usage. Dans beaucoup de sociétés, l'éducation est une affaire d'hommes, surtout envers les enfants mâles. Les nourrices, duègnes, précepteurs et autres substituts ont éloigné les mères. Aujourd'hui, même si ces usages sont devenus obsolètes et que le couple est simplement « équitablement » attentif à l'enfant et aux soins qu'il requiert, la vie active des femmes, liberté chèrement gagnée, amoindrit à son tour le rôle prépondérant de la mère. Pour tenter d'enrayer cette dernière inégalité, les congés de paternité ont récemment été mis en place, et on observe également un nombre croissant de pères au foyer, même si ces solutions restent minoritaires.

Cependant, la femme porte l'enfant de l'homme, et non le contraire. Certaines sociétés emphatisent d'ailleurs l'importance de la maternité : ce qui compte, ce qui « fait la différence » entre l'homme et la femme n'est pas le sexe, mais la capacité d'enfanter, la fécondité, et la femme stérile a alors un statut à part ; elle est considérée comme une enfant (chez certains peuples d'Afrique). Dans d'autres sociétés ou à d'autres époques, le féminin fait peur, il est entouré d'un mystère vaguement menaçant : le vagin est ce lieu mal connu (parce que « caché ») où tout advient[1].

De la maternité à la complémentarité

L'homme et la femme forment a priori une équipe « nécessaire » : sans elle, pas de continuité de l'espèce. Cette complémentarité anatomique a depuis toujours trouvé son pendant dans une division des tâches. Le côté positif de la complémentarité, c'est qu'elle crée du « lien » : « Tu fais ceci, je fais cela. » Nous dépendons

1. Voir l'article de Freud « La tête de méduse », qui date de 1922 et décrit le ressenti menaçant de certains face à l'organe sexuel féminin.

chacun réciproquement de la compétence de l'autre. La collaboration est synonyme d'efficacité.

« En dehors de son rôle de père, Alain est aussi très actif, dit Marie. Si nous sommes complémentaires ? Bien sûr ! Il accomplit des tas de choses que je serais bien incapable de faire ! Il déplace l'armoire quand nous voulons nettoyer derrière... Je plaisante, mais il ne faut pas se leurrer : tout ce qui dépend strictement de la force physique lui incombe forcément, parce que moi, je pèse cinquante kilos tout habillée... Mais il n'y a pas que cela. La cuisine, par exemple, c'est son domaine. Il adore concocter des plats et il le fait nettement mieux que moi, sauf pour les desserts. Je suis spécialiste *ès* desserts. Dans l'ensemble, oui, je constate que nous sommes très complémentaires. Je pense que c'est notre force : j'ai besoin de lui ; il a besoin de moi. »

De la complémentarité à l'inégalité

On retrouve toujours, dans toutes les sociétés et de tout temps, une répartition sexuelle des rôles, des devoirs, lesquels sont d'abord choisis selon le double critère de la force du corps et de la maternité. Pour cette raison, la complémentarité homme-femme semblerait suggérer une hiérarchie : il existe une échelle des valeurs dans les compétences. En effet, si la complémentarité est porteuse d'un certain équilibre, force est de constater que l'homme a souvent le beau rôle, dans le sens où on lui attribue les tâches « nobles », ou bien il est « investi » de capacités techniques supposées lui être naturelles, comme le maniement de la perceuse ou du tournevis, lequel ne requiert pourtant pas une force herculéenne ni un entraînement sportif de haut niveau. Toutes les femmes se sont un jour entendu dire : « Laisse-moi faire, tu n'y connais rien », « Tu vas tout casser », « Tu vas te faire mal »... Aussi, le critère d'attribution des tâches et des compétences ne dépend pas toujours de ce dont la Nature nous a dotés...

De plus, les sociologues s'accordent tous à constater que la différenciation des rôles homme/femme a pour objectif de maintenir la cohésion de la famille et le bon fonctionnement du système familial. Mais tout processus de différenciation induit des inégalités...

De l'inégalité à la domination

Dans l'humus de l'inégalité, la domination germe facilement. Or les générations précédentes ont vécu sur ce mode de relation. Les femmes n'ont le « droit » de voter que depuis quelques décennies[1] ! Dans beaucoup de pays, de cultures, l'homme domine encore largement. C'est en somme la loi du plus fort, parfaitement illustrée par les expressions communément utilisées de « sexe faible » et « sexe fort »...

Cependant, de nos jours, tout est remis en question entre hommes et femmes. Avec la contraception et les progrès de la médecine, l'assujettissement au corps a perdu de son importance. Le mouvement féministe est d'ailleurs né parallèlement à l'évolution scientifique. Les hommes, de leur côté, assument désormais parfaitement des tâches, des rôles qui répugnaient à leurs aïeux. Ne voit-on pas, chaque jour, à la télévision, des publicités où c'est l'homme qui sort le linge de la machine, tout content d'avoir obtenu un blanc « technique » ? Les professions autrefois réservées aux hommes ne sont-elles pas maintenant plus accessibles aux femmes ? Les repères se déplacent, les frontières s'effacent. Dans cette sorte de « Far West social », comment vont s'organiser les

1. En France, depuis 1944.

futures relations entre les genres féminin et masculin ? Ce manque de contraintes préétablies va-t-il amener la manipulation quotidienne à s'exercer davantage ? Autrefois, l'homme disposait d'« instruments » sociaux lui assurant un pouvoir de coercition sur la femme. Aujourd'hui, beaucoup moins... La femme est plus indépendante, du moins parce qu'elle travaille. De son côté, celle-ci a été habituée, par le passé, à mettre en œuvre des manipulations au sein du ménage, notamment pour contrecarrer le pouvoir masculin. Il apparaît donc licite de se poser la question du devenir du couple et de s'interroger sur le lien entre le mécanisme de la manipulation et les grands changements sociaux de notre époque...

Adieu, couple ?

Le défi, en somme, est triple : il s'agit de concilier à la fois l'amour de soi et l'amour de l'autre, le désir d'indépendance et l'envie d'osmose, la stabilité du couple et l'évolution de la société. De nos jours, un couple, c'est la somme de deux unités, plus que la fusion en une seule.

Dans toute sa candeur, Marie nous a livré les clés du couple postmoderne : les limites des uns et des autres sont toujours les mêmes, mais quelque chose a changé. Il n'existe plus de clivage insurmontable entre ce que « peuvent » faire l'homme et/ou la femme.

L'importance du Moi n'a jamais été aussi forte et, en même temps, il plane une solitude et un besoin d'amour plus intenses que par les époques passées.

Le couple est sûrement loin de disparaître, mais sa dynamique subit à la fois les avantages et les affres de l'évolution des mœurs, du progrès, de l'uniformisation de l'être humain. D'une part, nous devenons tous semblables, androgynes et, d'autre part, nous évoluons vers un nombrilisme chronique, ne regardant que nous-mêmes, l'autre ayant, somme toute, de moins en moins d'importance bien que nous en attendions des trésors de satisfaction. Cette « dévaluation » d'autrui est la conséquence directe de notre narcissisme exacerbé. De là, les sentiments changent : la jalousie est remplacée par l'indifférence. C'est l'ère de l'individualisme militant, se suffire à soi-même est devenu le fleuron de l'épanouissement personnel. En parallèle, tout s'accélère et même, tout *doit* s'accélérer, au risque d'une panne démographique, sociale et économique. Nous sommes dans une spirale d'accélération. On consomme plus vite, donc on consomme plus ; on consomme aussi « du couple ». Au niveau individuel, dans les relations amoureuses : les temps de séduction sont écourtés, l'approche est rapide, la conclusion quasi immédiate, le divorce « facile », les familles décomposées et recomposées. Notre siècle est celui de la rapidité et ce qui importe, c'est de jouir d'un certain pouvoir sur l'autre afin de s'inscrire dans ce processus vertigineux.

De toute évidence, la porte est grande ouverte à la manipulation, outil de pointe pour « prendre du pouvoir »...

2

La manipulation affective : pain quotidien du couple ?

Structure première de la société humaine, le couple est une association presque incontournable. Ce qui constitue une ambition fondamentale s'avère toutefois un défi complexe à relever. On a « besoin » du couple et, en même temps, celui-ci nous met en difficulté. Créer un couple équivaut à devoir chercher des solutions pour résoudre des problèmes que l'on n'aurait jamais eus étant seul.

La formule « couple tout compris »

Cette mini-équipe fonctionne comme un groupe, avec ses « lieux » de rencontre et d'action (le domicile, la chambre, les loisirs, etc.), ses règles dites et non dites (« je fais ci, tu fais ça »), et... avec son chef, la plupart du temps.

La mise en place d'un « couple », supposé être chaque fois le binôme idéal, impliquait autrefois l'acceptation d'une formule « tout compris » : partage du lieu de vie, des engagements et des gains financiers (pas forcément équitablement), projets communs, règles de comportement, procréation, déclaration solennelle (par le mariage, ou le seul concubinage) offrant une reconnaissance aux yeux de la société.

Aujourd'hui, les choses ont changé, les modèles du couple se sont multipliés et varient selon les envies, les appartenances, les aspirations des conjoints. Mais le tout doit, si possible, être compact et cohérent, donc viable, et offrir à chacun des deux partenaires une embarcation sûre, pour tracer sa propre histoire. On « mène » sa vie…

Comment fonctionne ce vaisseau lancé au hasard des flots ? Ce face-à-face peut-il tenir son cap sans que l'un ou l'autre ne tente de faire virer de bord à son avantage ? Où finit l'entente parfaite et où commence la manipulation ?

La dynamique du couple

L'équation du bonheur : Moi et Toi(t) = Nous + 1 ?

L'homme et la femme, même lorsqu'ils choisissent de former un couple, ne décident pas toujours de vivre sous le même toit, parfois pour une longue période. L'union de deux êtres de sexes différents (et non « opposés ») conduit-elle encore à une nouvelle identité globale (le « nous »), à laquelle s'ajoute éventuellement une descendance (« +1 ») ? Ce schéma est-il encore valable aujourd'hui ?

S'il perdure, ce n'est plus le seul en vigueur. La création d'une famille au sens traditionnel du terme n'est plus du tout envisagée comme un parcours obligé, nous l'avons vu au chapitre précédent. Beaucoup de jeunes couples sont très hésitants quant à l'éventualité d'avoir des enfants, jusqu'à décider parfois de bâtir leur union sans descendance. Il y a quelques décennies, cela aurait été impensable : s'il n'y avait pas de progéniture, c'est parce que l'on ne pouvait pas, que le couple était stérile.

Parallèlement, le « nous » s'est quelque peu vidé de son sens, de son intensité. Chaque partenaire garde son individualité ; plus personne ne parle de « moitié » en parlant de son conjoint ! On peut même aller jusqu'à dire qu'il y a maintenant, non plus deux moitiés d'orange, mais bien deux fruits entiers, et qu'aucun n'est disposé à céder de sa matière pour faire place à l'autre. Il y a union, mais pas mélange.

Enfin, la tendance actuelle, qui va du respect mutuel à l'individualisme forcené en passant par tous les degrés de liberté, s'assimile plutôt à l'équation :

Moi + Toi = MOI^2 !

« Moi et Toi est égal à Moi à la puissance deux »[1] : l'association met en valeur, emphatise l'individu. Dans le cas d'un pervers narcissique, c'est-à-dire d'un manipulateur qui agit dans la perversion systématique et destructrice, cette équation est particulièrement vraie et s'applique aux dépens de la partenaire, qui disparaît complètement dans la relation, est absorbée par elle.

Existe-t-il une « identité » du couple, comme il existe une identité de chacun, une strate commune, partagée, reflet du lien ? Oui, dans le sens où chaque couple est unique, et où il constitue la rencontre de deux êtres singuliers. Oui, parce que de ce lien, du type de communication qui s'établit, de la dynamique, émane une substance spécifique à chaque couple. Mais la force de l'identité du couple ne dépend pas du degré de fusion entre les deux conjoints ; elle est mouvante, de la même façon que les relations évoluent et changent ; si

1. Titre d'un ouvrage de Marie de Solemne, Dervy.

l'identité de chacun est instable, celle du couple le sera aussi.

Face visible et face cachée du couple : la médaille et son revers

La face visible est celle que perçoit et constate le monde extérieur au couple, à savoir les connaissances, amis, parents. L'entourage proche, même très proche, comme les pères, mères, frères et sœurs, reste absolument extérieur au couple et ne peut savoir, la plupart du temps, ce qui se joue à l'intérieur. C'est d'ailleurs pour cette raison que la famille est souvent très surprise lorsqu'un conjoint se plaint de manipulation ou de maltraitance psychologique. Les « autres » tombent des nues, ne peuvent y croire. Les personnes qui subissent ce genre particulier de harcèlement moral ont parfois beaucoup de mal à se faire entendre, plus encore à être crues, d'autant plus que les manipulateurs ont l'art de tromper tout le monde et de se faire passer eux-mêmes pour des victimes.

De plus, ce phénomène est renforcé par le fait que beaucoup de couples choisissent plus ou moins consciemment d'offrir une image précise de leur union, qui leur sert de « carte de visite » en société et qui n'a pas forcément grand-chose à voir avec la réalité, comme ces conjoints qui se présentent comme le foyer parfait, même et surtout lorsque tout va mal.

La face cachée est, quant à elle, doublement mystérieuse, occultée. Elle est tout d'abord tue au monde extérieur, mais elle contient également une partie qui échappe aux acteurs eux-mêmes : c'est ce que certains appellent l'« inconscient du couple », un « lieu » d'échange vécu mais non perçu consciemment, où se joue l'essence profonde de la relation. Cette zone d'échange aux contours flous englobe les non-dits –

car on échange aussi en ne disant pas – ou ce qui est dit, exprimé selon des codes propres au couple. En d'autres termes, il existe dans chaque couple des règles établies (pour les décisions importantes, les tâches quotidiennes, l'éducation des enfants, etc.), mais aussi des règles implicites, jamais énoncées et pourtant très fortes. Ces dernières ne sont pas verbalisées, généralement parce qu'elles semblent évidentes aux deux partenaires (par exemple : « Tu ne couches avec personne d'autre que moi »).

Or cette part de la relation plus difficile d'accès sera le terreau dans lequel vont croître les malentendus, voire les mésententes profondes ; c'est là que prendra racine l'éventuelle manipulation, et c'est ce qui explique que *toutes* les personnes qui en sont victimes ne s'en aperçoivent qu'au bout de plusieurs années !

Partage et solitude : des schémas d'impasse

Éternel conflit : Je te hais, moi non plus

Jacqueline et Marcel sont mariés depuis trente ans. Retraités, ils vivent dans une petite ville du sud de la France. Leurs enfants de 20 et 24 ans, qui habitent encore avec eux, nous parlent du couple que forment leurs parents : « Avec eux, c'est tout le temps la même chose : des disputes à n'en plus finir, sans arrêt, pour des broutilles. Maman reproche à papa d'être distrait et apathique, soupe au lait. Lui, dit qu'elle est trop agitée, toujours angoissée et qu'elle n'est jamais contente. Passer une journée avec eux, c'est comme assister à un combat de coqs, mais aucun ne gagne jamais. Toujours ex æquo… Forcément : ils ont tous les deux raison, et tous les deux tort. Au bout de toutes ces années de mariage, ils devraient quand même arrêter de se chamailler ; c'est dur pour ceux qui sont autour ! »

La dispute est alors un vrai moyen de communication. Les partenaires semblent n'être capables d'échanger que sur le mode du conflit, où l'un des deux manipule manifestement l'autre, ne serait-ce que pour avoir raison. C'est une forme de tyrannie domestique. Ils s'accrochent pour un oui ou pour un non ; ils ne savent plus se parler autrement qu'en se querellant. L'un agresse l'autre, qui répond lui aussi de façon acerbe, mais pour se défendre. Pourtant, il peut s'agir de couples « solides », dans le sens où ils durent et n'envisagent pas de se séparer. Les deux conjoints sont en réalité parfois très attachés l'un à l'autre. Simplement, ils ne s'entendent plus, tout en étant incapables de rompre. Alors, au fil des mois ou des années, s'installe ce schéma de communication si surprenant. À leur manière, ils continuent de s'aimer, bien que n'étant plus amoureux. Les vicissitudes du quotidien, les petites incompréhensions, les frustrations les ont rattrapés. Leurs sentiments ne sont pas remis en cause par ces incessantes prises de bec, mais ils ont perdu l'habitude de les exprimer. Ils semblent vivre côte à côte en se détestant, alors que ce n'est pas le cas. Cependant, des rancœurs se sont installées, ils s'en veulent réciproquement sur des sujets qu'ils n'ont jamais abordés verbalement, ou pas depuis longtemps, et ils n'ont surtout pas envie de dépoussiérer le passé. Il leur serait encore plus douloureux et compliqué d'affronter les vrais problèmes que de supporter cette mésentente pérenne de surface. Cette façon de dialoguer est toutefois le signe d'une forme de rejet de l'autre. Le mari « énerve » sa femme, ou vice versa. Ils s'agacent mutuellement, se focalisent sur tous les défauts et les tics de leur conjoint et ne les supportent pas. Le moindre geste rituel ou répété dérange au plus haut point. C'est une façon de se protéger, de tenir l'autre à distance, mais aussi d'évacuer tous les non-dits. Les petites anicroches remplacent les grandes discussions. Ils ne se parlent plus « sérieusement » depuis bien longtemps : comment le pourraient-ils, puisqu'ils se disputent tout le temps ! Le cercle est ainsi bouclé : aucune vraie communication n'est possible dans ce couple, qui s'aime « malgré tout », mais qui n'a pas le courage ou la force de remettre ce fonctionnement en question.

Par exemple, le mari regarde avec une horreur blasée sa femme se gratter le menton des dizaines de fois par jour ; de son côté, elle répète à longueur de journée : « Tu pourrais m'aider. C'est toujours moi qui vide la poubelle. » Le mari, habitué aux jérémiades, fait la sourde oreille et poursuit la lecture de son journal. Toujours les mêmes reproches, toujours les mêmes réactions : rien ne change et, au fond, ils s'accommodent de leur situation. Il s'agit souvent de vieux couples qui ne se sépareront jamais. Certains finiront par se haïr, d'autres basculeront dans une compassion indulgente, sans renoncer pourtant au schéma de la dispute incessante. Vu de l'extérieur, cela peut être très impressionnant, et les autres, parents, amis ou proches, se demandent pourquoi ces deux-là sont encore ensemble. Les enfants en ont généralement assez d'assister à cette pseudo-guerre continuelle et ils préfèrent partir dès que possible, assez loin pour ne plus en être les témoins obligés.

Ce type de couple est assez porté à la manipulation, dans le sens où l'un des deux est l'accusateur et l'autre, le coupable. Il est fréquent que l'un domine l'autre, mais chacun tente de résister, qui en mode actif, qui en mode passif. Ici, la manipulation consiste à astreindre l'autre toujours au même rôle, pour avoir la satisfaction de pouvoir dire ensuite : « Tu vois que j'ai raison. »

Et de prendre les enfants à témoin: « Ta mère (ton père) ne changera jamais ! »

Le couple pacifiste

En apparence, tout va pour le mieux dans le meilleur des mondes. Ce type de couple vit dans l'anti-conflit, la paix à tout prix. Partant du principe que la colère est une forme de violence et que la violence ne peut que nuire, le conflit est considéré comme tabou. Il s'agit d'une fausse paix, imposée par l'un ou l'autre des partenaires, qui arrête tout embryon de discussion animée chaque fois qu'elle se présente, au moyen d'un bouclier verbal. Cela ressemble à une trêve infinie au sein d'une guerre latente. La manipulation réside dans l'empêchement de l'expression. Le partenaire manipulé est contraint dans une communication floue, un *no man's land* de l'échange. L'autre lui fait croire que le problème « n'existe pas » et que la discussion (selon lui, synonyme de violence) ne ferait qu'empirer la situation.

Marion et Vincent vivent depuis trois ans sur ce mode d'échange. Ils sont venus consulter ensemble, parce que Marion est de plus en plus mal à l'aise face à Vincent, et qu'elle envisage de le quitter, « si rien ne devait changer ».
« "Nous n'avons pas le même avis sur tout, et c'est heureux, sinon ce serait monotone, commence Marion, mais dès que j'essaie d'exprimer mon opinion, Vincent bloque la discussion. Il prend tout mal. La moindre remarque lui fait l'effet d'une bombe.
– Mais non! l'interrompt Vincent. Simplement, tu dramatises toujours.
– Si je ne suis pas d'accord, il faut bien que je le dise...
– On peut arriver à se mettre d'accord. Il suffit de ne pas s'énerver.

– Par exemple, dit Marion devant son mari et le thérapeute, en ce qui concerne l'éducation de Paul, notre fils : tu veux qu'il aille dans un collège privé ; moi je pense qu'il serait beaucoup mieux dans un établissement public. J'ai essayé de t'en parler plusieurs fois, pour que nous puissions confronter nos idées, mais tu te défiles, tu évites la discussion.
– Pas du tout. Jusqu'à présent Paul a été dans une école privée ; il peut continuer. Je ne vois pas pourquoi tu t'agites. C'est donc si important ?
– Mais oui ! Ça l'est ! dit Marion.
– Pourquoi réagis-tu si violemment ? Il n'y a pas de quoi hausser le ton.
– Vous voyez, se plaint Marion, prenant le thérapeute à témoin, impossible de discuter vraiment de quoi que ce soit.
– Vous êtes déjà en train de discuter", intervient le thérapeute en s'adressant aux deux partenaires. »

Les expressions comme celles qu'utilise Vincent font office de pare-feu ; elles désamorcent tout germe de colère et sont censées maintenir le calme, la sérénité, entre les murs domestiques. L'autre se voit donc ôter la possibilité de s'exprimer, parce que tout désaccord est vécu comme une dispute potentiellement destructrice. Cette crainte amène à manipuler par chantage, comme si le fait d'aimer impliquait d'être toujours d'accord, sur tous les points.

« Ma femme se braquait dès que j'essayais de provoquer une explication, confie un jeune cadre d'entreprise, comme si elle craignait que je ne sais quel orage éclate entre nous, amenant une brouille définitive. Elle ne voulait rien savoir. Pour elle, la confrontation était inconcevable. Il fallait que tout soit lisse, sans aspérités... Pourtant, j'aurais parfois eu des choses à dire. Son attitude nous empêchait d'affronter les problèmes et, pendant des années, nous n'avons quasiment parlé de rien, sauf des broutilles et des projets de vacances. J'aurais voulu pouvoir parler avec elle de sa jalousie, qu'elle n'exprimait pas, justement, mais qui apparaissait dans beaucoup de ses remarques ou de ses questions. Elle avait une façon très particulière de m'interroger de manière voilée et très douce sur ma journée, pour tenter de savoir avec qui j'avais déjeuné au snack, ou si j'avais rencontré Unetelle dans les couloirs, mais quand je lui demandais si elle était jalouse, elle répondait immanquablement : "Mais non, mon chéri, j'ai une entière confiance en toi, tu le sais bien. Je m'intéresse à ce que tu fais, à tes journées, c'est tout !" Pourtant, ses remarques m'agaçaient, et j'en étais venu à ne plus lui dire tout à fait la vérité, bien qu'elle ne m'ait jamais fait aucune scène, puisque sa tactique consistait dans l'exact opposé. J'avais l'impression qu'elle accumulait du ressentiment contre moi, mais qu'elle se serait tranché les veines plutôt que d'en parler. Au début, je trouvais cela désagréable ; trois ans après notre mariage, je n'en pouvais plus. Je suis parti, un matin... Elle a pleuré, encore et encore. Elle répétait en boucle : "Je ne comprends pas, on s'entendait si bien ; jamais une anicroche !" Avec le recul, je peux maintenant affirmer que ce qui manquait entre nous, c'était justement une bonne engueulade de temps à autre. »

Ce type de relation crée un état de grande négligence à l'égard des motifs de mécontentement qui existent toujours au sein d'un couple, qu'on le veuille ou non. Les frictions sont évitées, mais le conflit est latent. On met trop de côté et les non-dits s'accumulent en profondeur, ce qui est tout à fait nuisible à l'équilibre du couple. Le fait de réagir de façon « intense » ne signifie pas que l'on va s'entretuer. Il est utile de savoir exprimer sa colère, si colère il y a. L'insatisfaction doit être révélée, sinon, la rancœur et les malentendus se déposent en strates successives et recouvrent tous les aspects positifs de la relation qui est alors « étouffée ». Comprendre l'autre, se faire comprendre de lui, tout cela passe par le dialogue.

Le couple « total respect »

La maxime qui s'applique dans ce cas est : « L'amour consiste à accepter l'autre tel qu'il est. » Celui ou celle qui manipule son partenaire en fonction de cette règle exerce un chantage ; il a une attitude « obstructive », comme le souligne Anne.

> « Benjamin, avec qui je sors depuis deux ans, m'oppose toujours la même objection quand je me plains de son égoïsme, de sa nonchalance, ou d'un autre de ses défauts : "Je suis comme ça, on n'y peut rien, tu n'as qu'à m'accepter tel que je suis, etc." Je ne lui demande pas de changer radicalement. Il m'a plu dès notre première rencontre, mais cette façon qu'il a de m'obliger à fermer les yeux sur tout équivaut pour moi à de la lâcheté. »

Dans ce cas, celui qui veut s'imposer est allergique aux reproches et ne supporte pas les critiques. Toute tentative avorte, grâce à la barrière du « Je suis comme je suis ». Sur l'autre versant, le ou la partenaire s'habitue souvent (pas toujours...) à confirmer et entériner la règle imposée : « Je le supporte ; il est comme ça, c'est tout ! » ou : « Il a le droit d'être comme il est, je n'ai pas à vouloir le changer. » Le partenaire est donc obligé d'être d'accord. D'ailleurs, si rien ne peut changer, à quoi bon discuter ?

Toutefois, comme il est humainement impossible d'être toujours et à chaque instant en parfait accord, cela suppose un nombre incalculable de concessions accordées quotidiennement. Or de la concession à la frustration, il n'y a qu'un pas : comment vivre en renonçant à tout moment de s'exprimer, ceci au nom du respect de l'autre ?

Pourtant, certains couples cohabitent sur ce modèle et s'enlisent alors dans un dialogue pauvre où l'un des deux perd peu à peu de son lustre pour permettre à l'autre de « rester lui-même »…

« J'ai vécu avec une fille comme ça, raconte Claudio. Je m'étais habitué à répéter comme un perroquet ce qu'elle-même disait, qu'il fallait se respecter et que, puisqu'il est prouvé que les gens ne changent pas, il est inutile d'essayer de le faire. À vrai dire, cet alibi servait surtout sa cause personnelle, car a posteriori, je ne trouve pas qu'elle me respectait tant que ça. “Si tu veux me garder, il faut m'accepter telle que je suis” : c'était son leitmotiv. Je n'entendais dire que ça, outre les : “Mais non tout va bien, tu dramatises tout.” Je crois qu'en cinq années de fréquentation quasi journalière, je n'ai pas réussi à avoir une vraie discussion avec elle. Elle avait l'art de l'esquive ou alors, elle prenait un air offusqué et se rebellait contre mes “agressions”, disait-elle. Si je pense avoir été manipulé ? Oui, parce qu'elle m'a fait croire à une vraie relation d'égal à égal. En fait, ce n'était même pas une question de respect ; elle ne voulait pas céder un centimètre, je faisais toutes les concessions. Quand elle arrivait en retard à nos rendez-vous, parfois d'une heure ou d'une demi-heure, c'était parce qu'elle était comme ça ! Cela lui ôtait toute culpabilité ; il n'y avait rien à répondre et si je le lui faisais remarquer, elle montait sur ses grands chevaux, prenait un air offusqué : je ne la respectais pas. Pour le reste, on s'entendait bien. Mais je n'ai pas supporté cette sorte de tension continuelle. Quand je l'ai quittée, elle m'a évidemment traité d'ingrat… Moi, je veux bien accepter l'autre telle qu'elle est, mais il y a des limites et, surtout, ça ne doit pas servir de rempart à toutes les critiques, comme un carton rouge sur un terrain de foot. Non, je n'aurais pas pu continuer. »

Dans un tel couple, le respect signifie « compromission » de l'un des deux qui perd son identité, alors que les concessions suffisent dans les couples où la relation est équilibrée.

Aux petits soins

Le bichonnage intensif du conjoint peut cacher une manipulation assez habile. La serviabilité à outrance permet de se rendre indispensable, d'obtenir un certain pouvoir sur l'autre. Cela permet également, le cas échéant, d'exiger en retour ou de faire des reproches, alors justifiés par le sacrifice préalable : « Avec tout ce que je fais pour toi, tu pourrais au moins éviter de sortir toutes les semaines avec tes copains ! » Parfois, c'est le partenaire qui est demandeur de « services » et souhaite être cajolé. Il ou elle envisage l'amour comme une prise en charge, s'attend à ce que ses désirs soient anticipés et comblés. Le conjoint adapte son comportement en conséquence et fait tout pour l'autre, dont il ou elle guette les signes d'exigence. Il se sent en dette et, de ce fait, l'offre va parfois au-delà de la demande. Cet engrenage n'apporte rien de bon à la relation, car l'un des deux perd de vue ses propres désirs et besoins. Il peut, d'autre part, se tromper sur les désirs de l'autre et l'agacer d'attentions inutiles. Le reproche peut lui être fait de sembler envahissant ou inopportun. Au contraire, celui ou celle qui est supposé recevoir ces témoignages d'affection, s'il les souhaite vraiment, est déçu s'ils ne viennent pas. Les déceptions se succèdent et l'amertume s'installe.

Dans une telle relation, les partenaires n'ont pas à l'esprit que tout un chacun a ses besoins et doit les assumer personnellement ou, du moins, ne pas reposer excessivement sur autrui. Pour qu'une relation harmonieuse s'instaure, on doit aussi pouvoir exprimer ce à quoi on aspire, ses envies. Lorsque l'un des deux a une forte attente, lorsqu'il voudrait que l'autre soit aux petits soins avec lui et qu'il ne l'est pas, ou pas assez, cela crée un déséquilibre qui ronge la relation.

« Mon mari m'énerve, raconte une jeune femme. Il ne comprend jamais ce dont j'aurais besoin ; on dirait qu'il rêve, qu'il pense à autre chose ; il est accaparé par son travail. Mais c'est un alibi : en vérité il ne veut pas s'occuper de moi. Pourtant, j'aimerais tant être un peu choyée, recevoir des fleurs de temps en temps, etc. Quand nous nous sommes connus, je pensais qu'il serait plus attentif à mes désirs. Il n'en est rien. Quand je me plains et que j'essaie de lui expliquer ce que j'attends de lui, il répond que je suis trop exigeante, jamais contente… »

Le mari, l'épouse idéal(e)

Ici se joue un vrai rôle de composition où l'acteur principal endosse un personnage qu'il a inconsciemment choisi et qu'il met spécialement en scène dans le cadre de la relation. Ce schéma est une impasse parce que l'un des deux est « faux » ; son comportement est construit selon un règlement imaginaire qu'il s'impose. Il ou elle ne manipule pas l'autre à proprement parler, mais il ou elle manipule la relation, l'oriente vers une image d'Épinal. L'entourage est également « manipulé » pour que lui soit renvoyée cette image de perfection, pour que l'on confirme et valide son statut d'époux ou de femme modèle.

Il s'agit toujours d'une personne très attentive au regard d'autrui, à sa réputation, avec un niveau d'exigence élevé. Le conjoint se plaint rarement – et pour cause – d'une telle situation : il a même souvent choisi son ou sa partenaire sur la base de ce critère précis. Il cherchait quelqu'un en mesure de le mettre parfaitement en valeur, et donc, une personne dotée de toutes les qualités : beauté, intelligence, etc.

Il nous est tous arrivé de croiser ce type de couple « parfait » (car c'est bien l'idée qui s'offre à l'extérieur, le conjoint « parfait » parvenant à « étendre » sa perfection au couple lui-même). Il agace en général passablement. C'est souvent la femme qui veut revêtir l'habit de l'épouse idéale. Elle s'y emploie avec l'énergie de la conviction, s'applique telle une élève exemplaire. Elle met en œuvre son efficacité dès les premières heures de la journée. Elle a ses instruments et ses plans d'action : liste de courses exhaustive ; maison impeccable ; enfants modèles, éveillés, bien élevés ; etc. Elle veille à tout, avec un excès de perfection.

Cet état de veille permanent lui ôte sa part de vérité ou, en tout cas, la retire à la vue du monde. Elle ne vit qu'au travers de ce qu'elle montre. Elle manipule en induisant, chez tous ceux qui l'entourent, la vision de sa personne et de son couple qu'elle a choisie.

Parfois, au bout d'un certain nombre d'années, le bel édifice si laborieusement construit s'effondre, parce que le partenaire n'a pas respecté le pacte, ou qu'il s'est fait « prendre ». Le mari, par exemple, a trahi son épouse idéale et a eu le mauvais goût d'être découvert. Ou alors, il s'est lassé de ce faux monde et est parti voir ailleurs s'il soufflait un vent plus vivifiant, plus naturel ; moins parfait, mais avec tellement plus de saveur... Le couple que tous estimaient indissoluble et dont l'équilibre suscitait l'admiration et l'envie peut ainsi se désagréger subitement, révélant sa fragilité.

Un jeu, des enjeux

L'enjeu personnel : équilibre et stabilité ; sérénité

Le premier mot qui semble s'appliquer à ce que chacun d'entre nous attend d'une relation de couple est celui de « complétude ». Non au sens mathématique du terme, mais au sens figuré, dans une acceptation globale, « ronde ». L'autre me complète, non seulement parce qu'il m'apporte ce qui me manque, mais aussi parce que mon identité se modifie dans le creuset affectif de la relation : il faut une part de « narcissisation » réciproque pour qu'un couple se construise. Le manipulateur pervers, quant à lui, s'auto-narcissise en prenant à l'autre, mais sans rien donner en retour.

La relation permet d'élaborer de la substance supplémentaire : dans le couple, « je » me crée. Il s'agit d'un mécanisme interactif, car c'est par le biais du lien que je me construis en partie, que je « m'enrichis »... Le fait que chacun renvoie à l'autre une image positive assure le bon déroulement de la relation qui s'est établie. L'identité change et évolue même de façon visible « à l'extérieur » : la femme prend le nom de son mari, on ne l'appelle plus « mademoiselle » mais « madame », etc.

Le deuxième mot clé d'une relation est « projection ». Le couple permet aussi de se projeter, c'est-à-dire d'envisager l'avenir. Cela n'empêchera pas la séparation si elle doit intervenir, bien sûr... Cette projection signifie, au niveau affectif, que l'on y croit, que chaque partenaire visualise ce couple (et donc lui-même) dans des situations futures. Les enfants relèvent de cette démarche projective et en sont – en partie – l'accomplissement concret. Mais se projeter, cela concerne aussi – beaucoup – le plan purement matériel : c'est l'enjeu de la construction qui est elle-même une forme d'enfantement en ce sens qu'elle est « productive ».

L'enjeu économique et matériel : construire, évoluer, s'élever dans l'échelle sociale

Le couple stimule à la fois les projets communs et personnels. Même si l'on n'a pas de certitudes, on se lance, on s'élance vers l'avenir. La part d'individuel est importante. Par exemple, l'homme et la femme peuvent chacun conserver leur compte bancaire, même lorsqu'un compte commun est créé, pour gérer les frais à partager équitablement au sein du ménage. Du temps de nos grands-parents, tout était à l'homme ; puis s'est répandu l'usage de tout partager : tout appartenait aux deux. Maintenant, on ne met plus tout en commun. Cependant, les enjeux de tout couple restent assez traditionnels, bien que s'inscrivant dans un contexte contemporain. Le « nid » reste une valeur sûre. Il existe quelque chose d'instinctif, de presque régressif ou d'animal, dans cette recherche de sécurité à travers la construction d'une relation affective et d'un lieu où la situer, comme si cela venait faire écho à une sécurité perdue. À partir du moment où il y a un couple « avéré », les désirs – avec des variantes – portent vers des objectifs similaires. On loue un appartement « ensemble », on souscrit un prêt dans le but de devenir propriétaires, on achète des meubles... Le fait d'avoir des objets en commun a d'ailleurs une forte valeur symbolique qui à la fois cimente la relation et fait surgir des tensions : on ne voit jamais autant de couples se disputer que dans les magasins de meubles ! La forte signification symbolique de « l'avoir ensemble » est également source de frictions. Ce qui plaît à l'un n'est pas forcément du goût de l'autre : ici survient le tiraillement entre ce que l'on désire construire (« du » commun) et la nécessité de rester soi-même, et donc de ne pas renoncer à ses propres choix. Il est difficile pour le couple de construire ce patrimoine aussi bien matériel qu'affectif qui sera sa marque de fabrique, l'empreinte unique de chaque couple. Au détour des méandres qui mènent à cet accomplissement s'installent les rapports de force et, parfois, la manipulation.

Psychopathologie de la vie quotidienne

Dans le champ de la psychanalyse, nous assistons depuis quelques décennies à l'émergence de nouvelles pathologies, tout simplement parce que le monde change, les relations humaines se modifient et nous souffrons différemment, sous de nouvelles formes.

Même si les grandes catégories pathologiques restent de mise (névroses, psychoses et perversions), elles ne sont plus aussi marquées, identifiables. Des troubles comme la dépression et son corollaire, la difficulté à s'aimer soi-même, occupent désormais le devant de la scène. Les blessures narcissiques apparaissent logiquement dans un monde où chacun est centré sur soi. Et la recherche incessante de satisfactions personnelles à travers l'utilisation de l'autre fait partie des relations entre les individus d'aujourd'hui. Les expressions de notre inconscient (lapsus, oubli de noms propres, etc.) vont bien au-delà de la *Psychopathologie de la vie quotidienne* écrite par Freud en 1901 et nous pourrions y inclure toutes les manipulations qui nous « échappent » régulièrement dans la vie de tous les jours. Prenons l'exemple du langage : nous ne pouvons pas dire que l'utilisation de la forme interro-négative (par exemple : « Ne voudrais-tu pas sortir ce soir ? ») soit un lapsus ; pourtant, elle induit une réponse de la part de celui qui la pose, elle est l'expression d'un désir inconscient au même titre que les autres actes manqués.

3

Petits crimes ordinaires : les ficelles de la manipulation

Disputes et agressivité

La querelle, si elle rentre dans certaines limites, est profitable à toute relation, qu'il s'agisse ou non d'un couple. Elle permet d'exprimer ses sentiments et, éventuellement, d'écouter ceux de l'autre. Grâce à la dispute, les problèmes importants sont soulevés, exposés. On peut donc en parler, trouver des solutions. Sans discussion, pas d'issue. La rancune s'installe, les quiproquos se multiplient. La confrontation « dépoussière » la relation. Beaucoup disent que cela la rend « vivante ». Le terme est exact, puisque la vie, c'est ce qui évolue, change, s'adapte.

Certains craignent que des disputes trop violentes ne laissent des séquelles et ne détruisent la relation, tel un mal qui rongerait le corps. Ils ou elles évitent alors tout affrontement… et passent à côté d'une vérité, celle de ce qui se joue à l'intérieur de leur couple. D'autres, au contraire, utilisent la querelle à tout-va, comme moyen de communication avec leur partenaire. De même que l'absence de conflit « visible », les disputes incessantes cachent la vraie substance d'une relation. Ainsi, point trop n'en faut… mais il convient de ne pas renoncer à s'exprimer, au risque de ne pas être d'accord ou de susciter des réactions vives. L'important est que dispute ne rime pas avec violence.

La querelle, quoi qu'il en soit, est inévitable. L'a-conflictualité représente une illusion et la phobie du conflit a des effets destructeurs sur la relation, alors minée en profondeur par une entente de façade.

Le conflit constructif

Le conflit constructif se déroule de telle sorte qu'il permet à chacun de prendre connaissance du problème, d'après la vision qu'en a le partenaire. Il offre la possibilité de se confronter sans violence pour trouver un terrain d'entente, des solutions. Il s'agit donc d'une communication positive, puisqu'elle vise à améliorer une situation. Chacun fait un effort pour comprendre l'autre et, quoi qu'il en soit, cette confrontation n'est pas un affrontement. Il ne s'agit ni de blesser ni de dominer. La dispute a alors des effets bénéfiques : elle permet de mettre « les choses au clair », elle pacifie presque toujours et permet d'évacuer des tensions.

Le conflit constructif est donc une sorte de négociation, et nombre de couples y parviennent très bien. Certains, au contraire, pas du tout.

Le conflit destructeur

C'est celui, notamment, qu'utilise le manipulateur. Il ne sert qu'à asseoir son pouvoir sur l'autre, à le détruire. Il ne vise ni à améliorer les rapports, ni à trouver des solutions. Au contraire, il envenime et creuse les plaies. Souvent celui ou celle qui manipule « utilise » la dispute pour mettre le partenaire face à ses contradictions... et la querelle se clôture par une sentence qui tombe tel un couperet.

> « Nous nous disputons assez souvent, confie Sonia. Et ces prises de bec ne résolvent rien, au contraire. Ce sont des affrontements stériles. J'ai l'impression que certaines fois nous ne savons pas nous-mêmes pourquoi nous nous disputons. C'est devenu un rite. Une mauvaise habitude. Après, je suis encore plus en colère contre mon mari qu'avant la dispute, parce que cela se termine invariablement par un : "Tu vois, tu ne veux rien entendre" de sa part.
>
> Je ne sais pas bien me défendre. Lui, il s'y prend mieux ; il arrive toujours à démontrer que j'ai tort. Et il enfonce le clou, comme on dit, en me faisant passer pour une incapable. Je ne sais jamais quoi répondre. Plus j'essaie, plus je suis maladroite. Et, alors que la dispute a pu démarrer à cause d'une banalité, je me retrouve accusée de tous les maux. Je n'ose plus rien dire...
>
> Pas plus tard qu'hier, je me suis trompée d'heure pour un rendez-vous que nous avions après le bureau. J'étais convaincue que nous avions convenu de nous retrouver à dix-neuf heures. Mon mari a juré qu'il avait dit dix-huit heures trente. Il en a fait un drame, finissant par affirmer que, de toute façon, je ne suis qu'une étourdie, jamais à l'heure, que je ne prête pas attention à ce qu'il dit, que je n'arriverai à rien comme ça, que je suis égoïste, etc. Et je sais déjà que même une dispute anodine comme celle-ci va laisser des traces : quand un autre rendez-vous commun se présentera, il dira par avance : "Et cette fois essaie d'être à l'heure !" »

Le dénigrement et la généralisation pointent leur nez. Le manipulateur n'a pas son pareil pour accuser l'autre de ce dont il ou elle est justement responsable : le manque de communication. Il ou elle ne se dévoile pas, mais amène l'interlocuteur à le faire, ce qui a pour résultat de mettre le ou la partenaire automatiquement en faute. Après ces manœuvres, le manipulateur signe la « fin de séance » par la conclusion qui lui donne l'avantage, puis se retire en esquivant : « Bon, arrêtons là, j'ai du travail, moi. » De telles allusions en fin de phrase sont typiques d'une manipulation ; elles font l'effet d'un coup de griffe final sans que la personne agressée n'ait le temps de réagir, ni les moyens. L'autre est déjà parti. Le partenaire le moins « fort » reste seul avec les offenses entendues. La dispute est donc un terrain privilégié pour celui qui manipule, et il la provoque souvent, de façon détournée, presque banale. L'autre « ne voit rien venir », et se retrouve au beau milieu d'une violente altercation sans en avoir eu l'intention ni même sans en avoir perçu les prémices. Au fil du temps, la crainte de ces moments de crise s'intensifie et, au lieu de trouver des moyens de les neutraliser, le plus vulnérable des deux ne s'attache qu'à les éviter à tout prix. Cela l'amène à faire de plus en plus de concessions, à supporter pour ne pas devoir affronter des scènes violentes. Sentant cette vulnérabilité, le manipulateur « en profite » ; il ou elle réitère ses agressions et accentue leur intensité, car la soumission de l'autre n'est jamais assez grande : elle lui est nécessaire et l'agace tout à la fois. Dans les couples où le composant agressif n'est pas un vrai pervers narcissique, mais tout simplement quelqu'un qui essaie de dominer (il s'agit souvent des femmes : la femme manipule beaucoup plus, dans le couple « ordinaire », que l'homme !), les disputes ne changent rien, mais le couple « s'habitue » à ces affrontements périodiques. Si, en revanche, les disputes s'expriment avec trop de violence, éventuellement des insultes, voire des coups, alors la querelle laisse une trace qui est plus qu'une simple cicatrice : c'est, au moins pour l'un des deux, une blessure qui ne se refermera pas et qui creusera un fossé avec le ou la partenaire.

Lorsque le conjoint agressé possède des ressources de défense, cela le fait réagir. À son tour, il ou elle répond à l'unisson. Face à un manipulateur, cela est peine perdue et risque même d'augmenter son agressivité. Face à un partenaire simplement irritable, cela peut permettre de « le remettre à sa place », en signifiant que la guerre ne profite jamais à personne. Chacun réagit selon son caractère ; certains se ferment et accumulent du ressentiment ou « passent à autre chose » afin de fuir la gêne provoquée par la dispute et leur sentiment d'incapacité à la résoudre.

Le mieux serait, évidemment, d'être capable d'adopter, si querelle il doit y avoir, une démarche constructive, ce qui est improbable lorsque l'un des deux manipule l'autre, et impossible lorsque cette manipulation est systématique.

Quelques instruments de manipulation

Tout le monde manipule tout le monde, mais à des degrés très diversifiés, comme le sont toutes les nuances de la palette des relations amoureuses.

Alors que chez le pervers narcissique la manipulation est systématique et constitue le pivot de la relation, elle est sporadique, occasionnelle, chez la plupart des couples. La différence entre la manipulation ordinaire (chantage, culpabilisation, mensonge, dévalorisation, dénigrement, mise en dépendance, etc.) et celle mise en œuvre par le pervers narcissique réside dans le rythme et l'intensité avec lesquels elle est appliquée, plus que dans le mode de manipulation lui-même, bien que certains types de manipulation soient plus pervers que d'autres, tel le dénigrement, surtout s'il est réitéré. C'est la répétition qui confère de la perversion à l'acte de manipulation.

Chantage (affectif ou non) et menaces

Le chantage peut être plus léger et subtil qu'on ne le croit. Il ne s'agit pas forcément d'un ultimatum pur et simple, déclaré ouvertement. Le chantage peut se dégager d'un non-dit, de quelques allusions : le langage du couple est connu de lui seul, avec des messages codifiés implicites.

Sonia, la jeune épouse à qui nous avons donné la parole précédemment, se plaint aussi de ce travers de son conjoint : « Mon mari a la manie d'exercer ce que j'appelle de petits chantages. Je dis "petits" parce que les enjeux ne sont pas décisifs, et je pense qu'il ne s'en rend pas vraiment compte. Il ne fait pas ça méchamment, mais c'est quand même plus qu'agaçant. Par exemple, si je prévois d'aller un soir au cinéma avec ma meilleure amie que je vois rarement à cause de nos rythmes de travail, Gérard, mon mari, trouve toujours à "marchander" cette soirée contre autre chose. La dernière fois, il y a un mois, il a dit : "Bon, d'accord, mais demain tu m'accompagnes à ce dîner d'affaires." Il sait que j'ai horreur de ces réunions et que je les évite le plus possible. En général, il y va seul. Mais s'il a une contrepartie à laquelle "s'accrocher", il s'en servira. Je déteste qu'il agisse de cette façon ; cela introduit du marchandage entre nous, du troc de gentillesse. Comme si rien n'était gratuit... et en plus, il décide, il commande, il autorise ou interdit. Il décide des transactions ! Il oublie qu'à la maison nous ne sommes pas à sa banque. Mais si je lui fais remarquer que tout cela n'est pas très *fair-play*, ni très sain, il répond : "Pourquoi ? Il est normal que chacun fasse plaisir à l'autre !" Et c'est presque moi qui passe pour une ingrate... »

Culpabilisation

« Tu n'as pas terminé de lire tes dossiers ?

– Non, mais je me dépêche...

– Ce poste te donne trop de travail ; tu es exploitée, et ton salaire n'est pas assez élevé pour que ça en vaille la peine. En plus, ça nous empêche de faire plein de choses, comme d'aller au restaurant ou au cinéma, et tu ne t'occupes pas des enfants. Regarde Jérémy : il devient insupportable. Si ça continue, je vais m'en aller et te laisser te débrouiller toute seule. »

Cela sous-entend que : 1) tu es responsable des problèmes que causent les enfants et de notre train de vie monotone (d'où une culpabilité induite sur la partenaire accusée) ; 2) si tu ne quittes pas ton travail (qui t'accapare et ne rapporte pas assez), je vais te quitter. La menace n'est pas proférée directement, mais elle est claire…

Mensonge, flatterie

On peut ne pas se laisser aveugler ni amadouer par les flatteries. Cependant, la fausse bonté (soit celle qui est seulement momentanée) de la part de la personne manipulatrice est un havre de paix bien tentant pour celui ou celle qui est habitué(e) à toujours rester sur ses gardes par peur d'une agression verbale. Aussi, quand la gentillesse, la disponibilité et la bienveillance ne sont que ponctuelles et sporadiques, ou par vagues, par périodes, il convient de leur redonner leur juste valeur, celle d'une démarche intentionnelle : l'opposé de l'amabilité spontanée et désintéressée.

« Quand ma femme veut obtenir quelque chose de moi, par exemple pour décider de l'endroit où nous irons en vacances – nous sommes rarement d'accord –, elle est toute douceur envers moi. Elle accomplit toutes les tâches de la maison sans rechigner, me comble d'attentions. Dès qu'elle a obtenu ce qu'elle voulait, elle redevient comme avant : acariâtre et agressive. Maintenant, je me méfie et je trouve ça étrange quand elle cesse de m'attaquer ! »

Cet homme résiste assez bien aux changements d'humeur de son épouse et n'en est pas dupe. Il existe par ailleurs des situations où la fausse gentillesse est plus habilement maniée et où elle alimente l'espoir de rééquilibrer une relation. Pour « croire encore » à l'affect, on « croit » à la gentillesse. C'est l'homme qui bat sa femme et se fait pardonner chaque fois, tant il est convaincant dans son rôle de mari repentant, soudain plein d'amour, des serments aux lèvres.

Dans le cas extrême du pervers narcissique, le mensonge n'est pas toujours si facile à déceler, ni même à prouver. Il possède une prudente habileté instinctive. Par ailleurs, s'il est découvert, il aura la capacité de nier avec un aplomb remarquable.

Dénigrement, dévalorisation

La destruction de l'image de l'autre s'opère conjointement au regard de l'extérieur (le dévaloriser devant l'entourage, pour les autres) et en miroir avec le partenaire visé (lui renvoyer une vision négative de lui, faire qu'il assimile et adopte progressivement cette mauvaise image, pour arriver à la perte de l'estime de soi). Cette manœuvre est une arme usuelle du manipulateur : la réussite de son entreprise dépend de sa capacité à atteindre, blesser et « entamer » son conjoint.

Dans les couples où l'un des deux manipule l'autre, ces dénigrements surviennent de manière sporadique. Le pervers narcissique, quant à lui, dénigre de façon très poussée, presque incessante.

Entremise et envahissement

Dans les cas de manipulation pathologique, cela correspond à la phase d'invasion de la vie de l'autre, dont nous parlerons plus avant. À un degré plus courant, cela peut se traduire par la simple manie de tout le temps s'entremettre. Il nous est tous arrivé de remarquer, en observant un « vieux » couple, que l'un des deux répond à la place de l'autre. « Ce n'est pas la peine de demander à ton père s'il veut des huîtres, il ne les digère pas. Laisse-le tranquille avec ça ; de toute façon, le rôti est prêt. » Le père, resté muet, qui digère parfaitement tout ce qui se mange depuis environ soixante-dix années, n'aura donc droit ni au chapitre ni aux huîtres.

Verrouillage

Par verrouillage nous entendons ici le fait d'enfermer le partenaire dans ses propres raisonnements et paradoxes. Le manipulateur souligne une contradiction apparente, ou une ambivalence comme nous en avons tous. Elle pourrait être résolue ou constructive, mais celui qui manipule s'en empare comme témoin d'une incohérence, et il généralise, étendant cette inconsistance supposée à tous les discours de l'autre. Cela l'amène à intimer au partenaire de se taire. La porte est fermée, le verrouillage complété.

Mise en dépendance

La dépendance de l'un vis-à-vis de l'autre peut être d'ordre affectif et/ou matériel.

La dépendance affective est aussi bien le fait des femmes que des hommes et se tisse généralement dès le début de la relation, alors déséquilibrée à l'avantage de l'un des deux, moins « en demande » d'amour et d'attentions que l'autre. La relation s'inscrit ensuite dans un cercle vicieux où les rapports sont de moins en moins harmonieux et les satisfactions de moins en moins équitablement réparties.

En ce qui concerne la dépendance financière, le fait d'amener l'autre à renoncer à son emploi, par exemple, ou à le dissuader d'en chercher un, constitue la principale tactique de mise en dépendance du partenaire. Elle est surtout utilisée par les hommes manipulateurs qui souhaitent recréer l'état de dépendance économique dans lequel se trouvaient « naturellement » les femmes des générations précédentes, lorsque peu d'entre elles travaillaient. Cela permet d'isoler du reste du monde et cela ôte de précieuses armes aussi bien en termes de ressources mentales (être gratifiée par le travail, penser « à autre chose » qu'aux problèmes conjugaux, etc.) qu'au niveau strictement matériel. Une femme qui n'a pas les moyens d'acheter quoi que soit sans l'autorisation du mari n'envisagera de le quitter que rarement : où irait-elle, et avec quoi ?

(Tu ne travailles pas = tu ne sers à rien = tu n'as droit à rien.)

L'addiction à l'autre

La dépendance affective est une forme d'addiction. Or les personnalités « addictives » sont bien souvent aux prises avec la problématique de la séparation impossible. La difficulté de quitter est contournée et remplacée par une relation de dépendance ; toute confrontation au manque est ainsi évitée. Le registre est celui du « manque de manque » que la relation mère-enfant a préalablement déterminé. On retrouve, en effet, dans l'histoire de ces personnes, la trace d'une difficulté commune à établir une « juste distance » entre la mère et le nourrisson au cours de la petite enfance, soit du fait de trop peu de présence, trop peu de maternage, soit, au contraire, à cause d'une surprotection, celle d'une mère trop présente qui étouffe son enfant. La mère qui anticipe les besoins, qui écrase la demande de l'enfant, ne laisse aucune place à la frustration, à la perception du manque. Qu'il s'agisse de l'un ou l'autre des cas, la sécurité du lien est compromise, c'est la peur de l'abandon qui prédomine, et il ne peut y avoir d'individualisation assumée. Or se construire une autonomie (non pas une abolition de toute dépendance, mais une diversification et une plus grande distance vis-à-vis de ce dont on dépend), c'est se construire comme un sujet ayant une identité propre. C'est accepter de renoncer aux protections du jardin d'Éden de l'enfance. Peu autonomes, avec une identité mal établie, ces personnes tomberont facilement dans la relation d'emprise.

Passion et relation d'emprise

La passion et la relation d'emprise sont souvent à l'œuvre dans les différentes manipulations. La « victime » se laisse entraîner par un élan passionnel, alors que celui ou celle qui manipule instaure son emprise.

De Descartes à Hegel, en passant par Kant, les philosophes se sont penchés sur la question de la passion, qui peut aussi, bien sûr, voir le jour sans que l'autre n'exerce quelque emprise que ce soit. Ce dernier est alors bien embarrassé d'une telle offrande, qu'il n'avait nullement demandée. En revanche, lorsque l'élan passionnel se porte vers une personne manipulatrice, un mode de relation plus ou moins corrompu va se mettre en place. Le sujet passionnel accepte le dessaisissement de son libre arbitre au profit de l'objet de sa passion. « Je ne mets plus mon honneur et ma religion qu'à vous aimer éperdument toute ma vie, puisque j'ai commencé à vous aimer[1] », dit la Religieuse portugaise. On le voit, la passion se substitue à l'objet aimé, la relation est plus importante que l'autre ! Le stade de plénitude présent dans toute relation amoureuse et qui, d'ordinaire, ne perdure pas, se prolonge ici faute de confrontation au réel de ce qu'est l'autre.

L'illusion peut se maintenir puisque la passion se nourrit d'elle-même et non de l'objet réel. Le risque de déception s'amenuise au fur et à mesure de l'idéalisation que l'on se fait de l'autre. Petit à petit, l'autre ne peut plus remplir que le rôle d'un être imaginaire. Quand la réalité ne fournit plus assez d'éléments, la passion peut édifier un modèle artificiel ; même si la réalité lui donne tort, il croit en son modèle imaginé. Freud parlait ainsi des artistes, capables de créer des « réalités effectives » qui « valent aux yeux des hommes comme de précieux reflets de la réalité ». De même, c'est parce que le sujet exige de l'autre de donner un sens à sa vie que l'on peut considérer la passion comme un processus de défense contre l'angoisse : « La passion tend à s'aliéner dans un objet qu'elle érige en rempart de son angoisse, pour mieux affirmer sa tragique dépendance[2]. » Tout le pouvoir est donné

1. G.-J. Guilleragues, *Lettres de la Religieuse portugaise*, Nouvelles éditions Tchou, EPA, Payot, 1972.

2. In *Encyclopædia Universalis*, Baldine Saint-Girons, « Passion », corpus 17, p. 624, 1989. Tous ces articles ont été repris dans *Dictionnaire de la psychanalyse*, Albin Michel, 1997.

à l'autre qui peut satisfaire le besoin, comme faire souffrir... Dans cette configuration, la place de l'autre (le manipulateur) préexiste à la rencontre: c'est ce que nous appelons par ailleurs la prédisposition au statut de victime. La rencontre révèle après coup cette place, elle révèle qu'il y avait à cet endroit-là une attente.

La sexualité

La sexualité est l'un des aspects du couple où la manipulation peut se déployer facilement. Ce qui s'y exprime reflète la dynamique de la relation, ses nœuds, ses problèmes. La sexualité est le baromètre du couple. Les mésententes prolongées entravent le désir, surtout chez la femme, qui « relie » habituellement le côté affectif et l'élan sexuel. Une sexualité défaillante peut être le premier indice que quelque chose ne va pas chez les couples qui ne s'entendent plus – et l'expression est ô combien adéquate: entendre, c'est écouter et accueillir.

L'amant idéal

L'homme manipulateur se croit toujours un parfait amant, puissant, « performant ». Il peut être perçu comme tel, surtout au début de la relation. L'amant idéal fait pendant à l'homme idéal dont il veut donner l'image. La femme vit alors avec son partenaire un épanouissement sexuel ignoré jusqu'alors.

Cependant, les femmes qui partagent la vie d'un manipulateur se plaignent parfois, à cet égard, de l'égoïsme de leur partenaire qui les harcèle, les sollicitant de façon répétée. Lorsqu'elles tentent de refuser l'acte sexuel, où elles ne se sentent ni aimées ni prises en considération, mais plutôt utilisées tels des objets, l'homme leur oppose une fin de non-recevoir et leur force la main, ou bien il les accuse de frigidité, de maladie, voire de folie.

Lorsqu'il a lui-même des troubles sexuels, des problèmes d'érection, d'impuissance, d'éjaculation précoce, il accuse invariablement sa partenaire de « ne pas savoir s'y prendre » avec lui, de ne pas être assez imaginative, pas assez jolie, trop grosse, etc.

Il dit souvent : « Je ne comprends pas ; il n'y a qu'avec toi que cela s'est produit », ce qui, bien entendu, est faux.

Abstinence imposée

Elle est surtout le fait de la femme et correspond généralement à une insatisfaction située en amont : la femme emploie le plus souvent cette « arme » pour se défendre d'une agression psychologique, pour punir (inconsciemment) son compagnon, pour préserver son identité, pour manifester son profond désaccord. Elle n'est donc pas forcément elle-même une manipulatrice. Le refus de l'acte sexuel peut lui apparaître, de façon subjective, comme le seul moyen de signifier qu'elle souffre. Si elle ne se sent pas respectée, notamment, si elle reçoit périodiquement des injures, est l'objet d'accusations ou se sent « envahie » par son partenaire, elle lui interdira l'acte symbolique de la pénétration, « envahissement » suprême qui est accueilli et voulu quand le couple est serein, mais représente une ultime violation si les tensions sont trop fortes. Si la femme ne se sent pas en confiance, si ses rancœurs sont trop prégnantes, l'acte sexuel lui donnera l'impression de se soumettre à l'injuste, de consentir à l'inacceptable. Lorsque l'on dit que les réconciliations se font sur l'oreiller, rien n'est plus vrai : accepter l'acte sexuel, c'est accepter l'autre.

« Je me suis mariée il y a dix ans avec Pierre, un collègue de bureau, dit Laurence. Je l'aimais beaucoup mais, avec le recul, je crois que je n'étais pas vraiment amoureuse. J'hésitais à me marier. Il a insisté. Il a même voulu qu'on se marie à l'église, alors que je ne suis pas croyante, parce que – disait-il – sa famille y tenait particulièrement. J'ai cédé ; notre union a été célébrée avec tous les parents et de nombreux amis. Je portais la traditionnelle robe blanche... Cela avait un côté très solennel. Je n'ai pas bien profité de cette journée. J'aurais préféré une cérémonie plus intime et se limitant au rite civil. Plus de simplicité. J'avais l'impression que l'on m'avait forcé la main ; Pierre, en particulier. Sans s'en rendre compte, sans vouloir faire mal, mais le résultat était là : il avait passé outre ma propre volonté. Je pense que c'est ce que je n'ai pas pu pardonner. Le soir des noces, déjà, j'ai eu une crise de foie : je n'avais pas « digéré », en somme ! Très vite, j'ai perdu l'envie de faire l'amour avec Pierre. Au fil des ans, cela m'est même devenu pénible. Au début, je croyais que les choses s'arrangeraient, que ça passerait. Je me sentais coupable de ne pas ressentir de désir pour mon mari. Pour sa part, il a d'abord accepté en se montrant compréhensif, puis il a commencé à m'accuser de méchanceté, puis de frigidité et, enfin, de vouloir la perte de notre couple. J'aurais voulu retrouver ce désir, mais je n'y arrivais pas et, plus le temps passait, plus c'était difficile. Heureusement, nous n'avions pas d'enfant. Nous nous sommes séparés il y a un an. Je ne sais pas par où recommencer, mais je suppose que si j'avais la chance de tomber amoureuse "pour de bon", en étant capable d'un vrai dialogue avec un homme, dans une relation où je ne sois pas écrasée, je (re) trouverais une vie sexuelle épanouie. »

La femme manipulatrice, quant à elle, imposera l'abstinence « alternée » à son compagnon pour acquérir de la force dans la relation, le récompenser quand il a agi selon son vouloir, le punir ou faire semblant de le punir pour imposer sa loi. Elle aura ensuite tout loisir d'étendre ce pouvoir hors du lit, à tous les aspects de la vie quotidienne.

Perversion sexuelle

Il arrive que le manipulateur impose ses goûts sexuels à sa partenaire, jusqu'à exercer une violence physique. La manipulation qui se répercute de cette façon sur le plan sexuel est très souvent l'œuvre de l'homme.

L'acte sexuel devient alors pénible pour la femme qui s'y sent toujours humiliée, traitée en objet de plaisir. En effet, sa compagne est pour lui l'instrument lui permettant de mettre en scène ses fantasmes, sans tenir compte des désirs (ou des réticences) de la femme. Cette dernière est alors habilement manipulée pour tenter de la convaincre qu'elle « aime ça, en réalité », ou qu'elle n'est pas assez libérée, que la requête est normale et légitime, etc.

Sadomasochisme, fétichisme, exhibitionnisme, contrainte, échangisme : telles sont les pratiques qui peuvent s'intégrer à une manipulation d'ordre sexuel, lorsqu'elles ne sont pas choisies par les deux, mais par l'homme seul. Loin d'être rares, elles constituent un problème pour la femme quand elle ne les a pas souhaitées. Le fait d'être alors instrumentalisée a des effets dévastateurs sur son psychisme. Elle arrive à se sentir coupable, salie.

Lorsque la femme se joue de l'homme

« Sur 100 victimes de violences conjugales, aujourd'hui, on estime qu'il y a 90 femmes pour 10 hommes. La violence qui s'exerce sur les hommes est surtout psychique : les hommes se plaignent d'humiliations, d'être traités comme des paillassons, de harcèlement, etc. Quelques-uns subissent des violences physiques... ».

Il arrive donc que l'homme soit victime de la femme et, si l'on devait prendre également en compte la manipulation moins visible, faite de fourberies, espiègles ou non, sous forme d'affirmations appuyées, les statistiques révéleraient un chiffre supérieur. Force est de constater que certaines femmes ont cette capacité de manipulation de leur compagnon, bien qu'elles utilisent nettement moins souvent la force du corps (il est d'ailleurs établi, à ce sujet, que lors de violences physiques de leur part, les femmes agissent généralement par le biais d'une « arme », objet contondant ou autre). Nous connaissons tous des couples sur lesquels les amis font des commentaires éloquents : « Elle le mène en bateau », « Elle fait de lui ce qu'elle veut », « Le pauvre, comment peut-il supporter tout ça », etc. Gilbert est l'un de ces hommes qui ont beaucoup souffert sous l'emprise d'une manipulatrice « chevronnée » :

> « J'ai 55 ans, donc je ne suis pas un gamin. Pourtant, quand j'ai rencontré Béatrice, je me suis tout de suite senti *désarmé*, face à elle, si belle et si brillante, de huit ans ma cadette. En même temps, j'ai immédiatement été valorisé par notre amour ; c'était très flatteur de voir qu'une telle femme s'intéresse à moi. J'ai un bon métier – je possède une boutique de prêt-à-porter dans un quartier aisé – mais rien d'exceptionnel. On s'est rencontrés dans une exposition. Je flânais devant les tableaux ; elle était là, elle m'a souri, on a parlé. J'étais fasciné par son enthousiasme,

sa culture, et aussi par son exubérance, moi qui suis timide. Elle a dit qu'elle m'avait observé, que j'avais l'air un peu perdu, que c'était ce qui l'avait décidée à engager la conversation avec moi. Elle n'avait pas tout à fait tort : divorcé depuis deux ans, avec deux enfants qui vivaient en banlieue et que je ne voyais qu'une ou deux fois par mois, à l'époque je me sentais assez seul. Ce premier jour, nous sommes allés boire un pot ensemble après l'expo et, avant de se lever pour partir, elle a dit : "Je viens enfin de rencontrer l'homme idéal." Cette phrase m'a touché au plus profond.

Malheureusement, au bout de quelque temps, alors que notre relation était plus avancée, j'ai déchanté. Je n'étais plus vraiment l'*homme idéal,* apparemment. Elle me passait sans arrêt à la douche écossaise, elle alternait les mots gentils avec des paroles blessantes. Le problème est que dans ces cas-là, ce sont les expressions blessantes qui restent. Par exemple, quand nous étions au lit – et je dois dire qu'avec elle le sexe était génial, j'avais retrouvé un entrain de jeune homme –, elle me faisait souvent remarquer que j'avais de l'embonpoint, et elle concluait : "Tu n'es pas beau,... mais je t'aime tant !"

Devant les amis – les siens en général car nous ne fréquentions presque pas le peu d'amis qui me restaient –, elle avait un entrain inégalable ; elle était très appréciée. Moi, je faisais figure de plouc. J'avais l'impression qu'elle me parlait avec condescendance. Elle était très gentille mais, en même temps, elle arrivait à sous-entendre que j'étais nul. D'ailleurs, à la maison ou ailleurs, elle avait toujours à redire sur ce que je faisais. La première fois où je lui ai rapporté des fleurs, pensant faire plaisir, elle les a saisies avec une mine de dégoût faussement masqué : "Elles sont belles mais je suis un peu allergique. Enfin, tu ne pouvais pas savoir, mon pauvre chou." Elle ne croyait pas si bien dire ; je devenais un vrai légume, à ses côtés.

Quand nous nous disputions – cela arrive à tous les couples –, elle était capable de faire la tête pendant des heures ou des jours d'affilée. Elle se déchaînait d'abord contre moi, m'accusant de tous les maux : "Tu es un ingrat ! Je te sacrifie mes plus belles années !" Puis elle tombait dans un silence boudeur. Moi,

je craignais le pire ; qu'elle me quitte, que je me retrouve seul à nouveau et, petit à petit, je sombrais dans la dépression.
Au bout d'un an, elle m'a convaincu qu'il valait mieux mettre la boutique à son nom, pour des raisons fiscales. Quand j'ai hésité, elle m'a hurlé dessus, outrée que je sois “si égoïste, si avare et cupide !”. J'ai cédé. J'avais l'espoir secret qu'elle finirait par m'aimer complètement...
Un jour, lors d'un voyage en Angleterre, elle m'a littéralement ridiculisé devant les gens de l'hôtel où nous étions descendus. Il est vrai qu'elle se débrouillait mieux que moi en anglais, mais ce jour-là, elle m'a écrasé devant tout le monde (il y avait plusieurs couples français) d'un : “Ce n'est pas la peine d'essayer de faire le singe savant, on ne comprend rien à ce que tu baragouines !” Elle me blessait souvent comme ça.
Elle m'avait éloigné de mes enfants, que je ne voyais presque plus. Mais quand j'ai essayé de me rebeller, elle s'est transformée en furie, m'assénant que je ne l'aimais pas assez, alors que parfois elle affirmait le contraire, à savoir que je l'aimais trop et que ça l'étouffait. C'est à ce moment-là qu'elle a saisi l'occasion, je crois, et qu'elle a commencé la série des je-te-quitte, je-te-reprends. Cela a duré plusieurs mois et ça a été très dur pour moi ; je ne savais plus où j'en étais.
Au final, elle m'a quitté pour de bon, en *oubliant* de remettre la boutique à mon nom. Il a fallu que je la *dédommage* de vingt mille euros pour récupérer ce que j'avais cédé gratuitement par faiblesse. Je précise qu'elle n'avait jamais travaillé à la boutique et qu'elle ne m'avait jamais aidé en quoi que ce soit.
J'ai honte de l'avouer mais, à un moment donné, elle se montrait tellement menaçante que j'ai même eu peur qu'elle me fasse du mal. C'est triste à dire, mais c'est de ma faute, je me suis laissé berner. Autour de moi, tout le monde, mes proches, ceux qui m'ont aidé, insistent pour dire que je ne suis coupable de rien. Je sais qu'ils ont raison mais dans ma tête, c'est encore flou. Il faudra du temps pour que j'aie à nouveau confiance en une femme. »

4

Manipulateurs, manipulatrices : des exemples

Les différents types de personnalités décrits ci-après, bien qu'ils s'inscrivent à l'origine dans une classification établie par la psychanalyse, appartiennent aujourd'hui au langage commun et répondent à ce que tout un chacun entend par leur énoncé. Ainsi, les termes d'« hystérique » ou de « paranoïaque », d'origine psychanalytique, ont de nos jours un usage courant qui en a atténué voire « réduit » le sens.

Ce chapitre sera consacré à la description des personnalités qui correspondent donc, en partie, au type psychanalytique concerné, mais qui montrent des manipulateurs et manipulatrices comme nous pouvons tous en rencontrer chaque jour. Des personnes qui vivent en famille, exercent une profession, mais dont le trait de caractère spécifique amène à la manipulation sur autrui sans que la société ni les institutions aient à y redire. Il ne s'agit donc pas de retracer ici de vraies pathologies, bien que ces hommes et ces femmes imposent tous et toutes à leurs conjoints une relation orientée selon leur « tendance » pathologique.

Il est également à noter que, si le choix a été fait de faire témoigner un homme plutôt qu'une femme (et vice versa) pour chacun des traits présentés ci-dessous, il aurait pu s'agir indifféremment de l'un ou de l'autre. Par exemple, dans le contexte social actuel, de plus en plus d'hommes sont concernés par le comportement « hystérique », avec parfois pour symptôme émergent l'éjaculation précoce ou l'impuissance. Il est d'usage de penser que l'hystérie est exclusivement féminine, d'autant plus que l'étymologie nous y pousse (*hustera*, en grec, signifie utérus). Mais nous savons depuis Freud qu'elle peut également toucher les hommes. La culture contemporaine, celle du paraître, de la société envisagée comme théâtre d'un spectacle permanent, alimente cette augmentation du nombre d'hystériques. De même, le Tout-Puissant peut être une femme ; l'anxieuse, un anxieux.

L'hystérique

L'hystérique, que nous choisissons de représenter sous les traits d'une femme, est la plus caractéristique des appropriations d'un terme psychanalytique par le langage courant. La psychanalyse a presque été « inventée » pour étudier le phénomène de l'hystérie (ou, inversement, on pourrait dire que l'étude de l'hystérie a permis aux grands psychanalystes, dont Freud, d'élaborer leur théorie). Depuis cette époque à la fois récente et lointaine (objectivement récente, mais lointaine au vu de l'ampleur qu'a prise depuis la psychanalyse), le langage ordinaire s'est emparé du terme pour désigner tout simplement une femme nerveuse, agitée, théâtrale, aux réactions subites et démonstratives. En bref, une femme qui tape sur les nerfs, à cause de ses propres nerfs. Cette définition, qui reflète l'avis général, est bien réductible et peu précise.

Ainsi, l'hystérique n'est pas seulement, comme l'indique la croyance populaire, une femme qui s'énerve pour un rien et cherche à produire de grands effets pour attirer l'attention sur ses malheurs. Son esprit suit des méandres que la psychanalyse a mis au jour : elle recherche à la fois à dominer et à subir, dans une spirale infinie d'insatisfaction. Elle trouve son compte à ne jamais être tout à fait contente, mais elle en pâtit par ailleurs...

En quoi l'hystérique veut-elle commander et être commandée ? Et surtout, pourquoi ? Est-elle donc sadique et masochiste ? Pas du tout ! Pour des raisons que nous n'approfondirons pas ici, il est établi que l'hystérique cherche inconsciemment à vivre insatisfaite, même si cela s'avère avant tout une souffrance.

« Ma mère est incroyable, dit Séverine. Partout, on ne voit qu'elle. Elle parle tout le temps, elle a besoin d'occuper le devant de la scène. La regarder, c'est comme aller au spectacle... Pour moi qui la connais dans ses attitudes quotidiennes, c'est très visible. Elle est comme ça principalement quand il y a des gens, du "public", sinon, à la maison, elle est plus calme, presque abattue, comme un ballon qui se dégonfle soudain. Il y a parfois un fort contraste avec son comportement au-dehors, ou bien elle change de registre selon le "public". Pour moi qui suis presque toujours à ses côtés, j'ai l'impression de voir un caméléon. Ce qui est comique et en même temps mystérieux c'est que les autres personnes semblent ne s'apercevoir de rien. Ils la trouvent fascinante, très vive ; elle plaît beaucoup. Elle est toujours entourée d'admirateurs et de chevaliers servants qui vont lui chercher une boisson ou n'importe quoi d'autre. Je n'ai pas connu mon père, qui nous a quittées quand j'avais quelques mois. Je vis seule avec elle. Je ne suis pas jalouse, mais je réalise que je vis dans son ombre. Moi, on ne me remarque jamais. C'est comme s'il n'y avait pas de place pour deux femmes. Parfois, je trouve cela injuste ; à d'autres moments, je suis bien contente de rester dans mon coin sans

que personne m'embête. Quand nous sommes seules à la maison, elle s'effondre littéralement. Il lui arrive d'être très déprimée. Soudain, elle a mal ici ou là. Je la masse, mais ce n'est jamais bien fait, ou pas assez efficace. Après avoir passé une journée avec ses amies à courir les magasins, elle est capable de devenir grabataire à l'improviste, étendue sur le canapé, à l'article de la mort : elle va s'évanouir, elle a trop chaud, cette lumière l'aveugle, pourquoi ai-je ouvert les fenêtres, etc. C'est épuisant.
Depuis deux mois, elle fréquente un monsieur de son âge. Je l'ai rencontré ; il a l'air sympathique. J'espère que leur histoire va durer. Elle s'en plaint déjà... »

En couple, ce type de femme induit l'autre à avoir des comportements dont elle pourra se lamenter par la suite. Elle intronise son maître pour mieux le destituer. Mais il ne doit cependant pas régner avec trop de netteté : elle a aussi besoin d'éprouver pour lui de la compassion. L'autre doit donc être à la fois puissant et impuissant, un tyran attendrissant. De cette manière, l'hystérique peut à la fois souffrir et s'apitoyer, entrer (et faire entrer son partenaire) dans un cycle infini qui garantira une insatisfaction pérenne. Et, bien au-delà de son conjoint ou compagnon, chaque proche, aimé ou détesté qu'il soit, remplira ce rôle de fournisseur d'insatisfaction. Pour résumer, l'hystérique n'est jamais contente et elle s'en plaint abondamment. Pour assurer ce cercle vicieux, elle met en scène des drames (d'où le côté théâtral) et n'a pas sa pareille pour faire naître des conflits.

Sachant ce qui précède, comment fait donc l'hystérique pour parvenir à ses fins, sans susciter un agacement définitif chez tout le reste de l'humanité ?

Elle donne l'impression de rechercher la satisfaction, notamment en se plaignant incessamment, non seulement des autres, des situations et contingences, mais aussi d'elle-même, car évidemment elle a toujours mal quelque part : elle « convertit » son angoisse en souffrance physique, avec pour conséquence des symptômes variés et « vrais ». Cette présumée demande de satisfaction amène son partenaire à essayer de la contenter. Il s'y épuise parfois, échoue toujours.

Elle culpabilise l'autre, incapable, justement, de la satisfaire. « Tu n'es pas capable de me rendre heureuse », dira-t-elle souvent (alors qu'inconsciemment, elle ne veut pas de ce bonheur lisse et rayonnant). Elle s'offre en pâture à l'autre, à sa domination, puis se rebelle. L'hystérique laisse à penser qu'elle a quelque chose à offrir, alors qu'elle n'a rien pour nourrir l'autre : c'est une illusionniste riche de sa seule angoisse, immense.

Elle offre souvent une belle image, aime séduire, alors que le contenu est déficient. Pour séduire, elle est sans cesse en représentation ; elle « hypnotise » son interlocuteur par une mimique, une gestuelle, une dialectique et un verbiage volubiles, fascinants, pleins de vie et de piquant.

Elle cherche à apparaître comme une victime « héroïque » : « Regardez comme il est nul ! » C'est donc une comédienne qui souvent vole la vedette à son partenaire. Elle manipule dans le sens où le couple fonctionne autour d'elle, en fonction de sa personnalité, avec des hauts et des bas : de l'espoir (feint) de satisfaction à la désillusion dramatisée. L'autre est manipulé de façon à lui procurer régulièrement l'insatisfaction nécessaire à masquer son angoisse. Tout penaud, il est souvent en difficulté et ne sait comment se dépêtrer de cette situation qu'il n'analyse ni ne comprend. Il la subit et se voit en faute, alors qu'il ne souhaitait que former un couple équilibré.

Enzo est un artiste peintre assez connu ; originaire de Rome, il a habité à Paris pendant de nombreuses années. Il vit maintenant en Amérique latine avec sa femme, Jenna. Cette dernière parle beaucoup et accapare l'attention de tous en société.

Sympathique et souriante, elle « brille ». Elle fait office de « manager » pour son mari, « gère » son calendrier professionnel, s'occupe des rendez-vous avec les exposants, etc. Malgré la renommée de son mari, dans les réunions, aux vernissages, on ne « voit » qu'elle... Elle anime toutes les conversations, accapare l'attention de tous.

« Mon épouse est ainsi faite ; elle aime être au centre de l'attention, qu'on la remarque... Il y a dix jours nous avons organisé un vernissage dans une galerie de Paris qui expose mes dernières œuvres. Jenna s'était foulé la cheville la veille. Elle a passé tout l'après-midi à transporter un "adorable petit tabouret" avec elle, sur lequel elle s'asseyait dès qu'elle le pouvait, en se déplaçant de toile en toile pour commenter, conseiller, accueillir les visiteurs... En même temps, elle racontait sa mésaventure, comment elle s'était fait mal où et pourquoi elle avait glissé, etc. Du coup, les gens ne regardaient plus mes toiles, tout le monde était autour d'elle, à écouter son récit ! Je crois que beaucoup n'ont pas remarqué que j'étais là... Il arrive parfois qu'en me croisant au beau milieu de ma propre exposition, on me dise : "Bonjour monsieur"... Ça me fait sourire. Et, loin de trouver cela vexant, j'apprécie cet anonymat qui me permet de déambuler tranquillement dans les salles, à écouter discrètement les commentaires des visiteurs sur mes œuvres. De toute façon, les gens achètent plutôt bien ; et Jenna aime tant s'occuper de tout ! »

Il arrive aussi, dans un autre cas de figure, que l'hystérique « choisisse » – précaution majeure – un homme inaccessible ou revêche à ses avances : plus jeune de dix ans, déjà marié, etc. L'insatisfaction est alors assurée à coup sûr. Les situations difficiles conviennent bien à l'hystérique et, comme elle ne renonce jamais, ces « histoires » durent généralement longtemps, même quand elles sont quasi inexistantes ou qu'elles ne tiennent qu'à un fil.

Le Tout-Puissant

Le Tout-Puissant (son envergure vaut bien des majuscules...), que nous choisissons de peindre sous les traits d'un homme bien que nombre de femmes aient ce type de personnalité, est celui qui pense être le centre du monde et croit pouvoir agir sur ce dernier en monarque suprême. Ne dit-on pas : « Dieu Tout-Puissant » ?

Le Tout-Puissant est resté dans ce que l'on nomme le « Moi idéal », soit le Moi narcissique du petit enfant pour qui le monde, c'est lui-même, et son modèle, également. Les autres ne sont pas pris en compte ; il reste centré sur lui et se nourrit de lui-même, contrairement au pervers narcissique qui cherche l'autre pour s'en nourrir. Le Tout-Puissant n'a que faire de l'autre et ne saurait s'en nourrir : il est déjà plein de lui-même et se considère comme étant riche de toute la substance du monde ! Il a en commun avec le pervers narcissique cette constatation : l'autre ne peut avoir le même statut que lui à ses yeux. Tous deux se considèrent comme supérieurs...

Si le pervers narcissique manipule par l'envahissement, la dépréciation, l'isolement et la destruction, le Tout-Puissant manipule, lui, par la tyrannie. Très exigeant non seulement envers lui-même, mais aussi envers les autres, son entourage, ses collègues, il peut ressembler au pervers narcissique. Toutefois, le Tout-Puissant n'est pas pervers, il n'a pas l'intention ou le besoin de détruire. Il anticipe donc moins par rapport à l'autre : ce qui l'intéresse, c'est dominer. Il est donc aussi plus conscient et plus stratège. La destruction de l'autre est présente malgré tout, mais en tant que conséquence de ses agissements plus que comme objectif. La destruction intervient « de surcroît » car elle est nécessaire pour asseoir la tyrannie.

Toute cette force qui se dégage du Tout-Puissant laisse évidemment penser que justement il est profondément vulnérable sur ce point. C'est un grand impuissant et son comportement exprime une attitude défensive : il domine par peur d'être dominé... On ne critique pas le Roi : il règne, et l'homme Tout-Puissant veut rester intouchable. Il est dans l'angoisse de la perte de son pouvoir (et en cela il se différencie du pervers narcissique, lequel, rempli de néant, est avide d'acquérir de la substance par « objet » interposé).

Le Tout-Puissant manipule donc pour installer son pouvoir et rendre sa tyrannie « opérationnelle ». Il passe ainsi le plus clair de son temps à prouver aux autres que ce qu'il accomplit est mieux fait, que ses idées sont les meilleures. Par essence, il est ambitieux, souvent hyperactif. Il déteste évidemment être pris en faute ou en flagrant délit d'imperfection. Son orgueil, alors blessé au plus haut point, l'amène à réagir par l'attaque : il accuse en retour (éventuellement de tout autre chose) pour détourner l'attention de sa propre culpabilité. Si, par exemple, on lui fait remarquer qu'il laisse traîner ses vêtements, il répond : « J'ai, moi, rangé tes chaussures de tennis pas plus tard qu'hier ! ». Comme personne n'est parfait, il trouve toujours comment « déplacer » le reproche et le faire translater vers l'autre.

« Mon mari est un homme intelligent, et il se met en quatre pour la famille... mais il nous écrase un peu ; je trouve qu'il s'impose trop, confie Ghislaine, 48 ans, employée de bureau. Auparavant, je ne m'en rendais pas compte, mais maintenant ses reproches m'étouffent ; il n'arrête pas de critiquer. D'après lui, ce que font les autres est toujours mal fait. Il est trop perfectionniste. Il a tout le temps de quoi redire. J'ai l'impression d'être constamment prise en défaut, comme coincée contre un mur. Avant, j'essayais de le contenter et de lui faire plaisir. Depuis quelques mois, je ne le supporte plus. Pourtant je l'aime... mais il exagère. Il dirige tout, fait la loi sur tout. Quand nous partons en vacances, il prépare d'abord une liste de ce que chacun doit faire : moi, mon fils, sa sœur. On dirait qu'il dirige sa petite armée. Après, il fait un "check" de tous les points de sa liste pour vérifier que tout a été fait dans les règles – vous savez, comme les pilotes à bord des avions avec leur check-list. Notre fils, Vincent, est en général chargé de changer les piles des boîtiers d'arrosage automatique, pour le jardin, de préparer les vélos que nous chargerons ensuite derrière la caravane, ainsi que le matériel à emporter pour les éventuelles réparations. Eh bien, je crois que depuis cinq ans qu'il a cette haute responsabilité, il n'a jamais réussi à faire ce que son père lui demandait. Mon mari repasse derrière et pointe du doigt les "erreurs" ou ce qu'il juge comme tel. Les bicyclettes ne sont jamais assez bien nettoyées, les pneus pas assez ou trop gonflés. Les boîtiers d'arrosage sont mal réglés et Vincent oublie – selon mon époux – les trois quarts de ce qu'il faut emmener : trois paires de rustines au lieu de cinq, une huile spéciale, etc. Cette année, Vincent s'est soustrait à ces contraintes. Mon mari l'a traité de fils ingrat, de dégénéré... »

Ce genre d'homme (ou de femme) agit d'égale façon avec son conjoint. Le Tout-Puissant se comporte ainsi avec toutes celles et tous ceux qui l'approchent.

Ce type de personnalité provoque dans l'entourage, soit un réflexe de rejet et de rébellion, soit un état de dépendance et d'assujettissement, selon les circonstances et le caractère des individus. Le Tout-Puissant choisit généralement un conjoint qui l'admirera et saura lui obéir mais, comme il aime flatter son ego et exhiber une compagne de choix, il peut aussi s'attacher à une personne « remarquable », dotée d'une certaine personnalité, auquel cas il s'expose à des obstacles dans l'affirmation de sa tyrannie...

L'anxieux(se)

Distinguons tout d'abord l'anxiété, l'angoisse et le trouble anxieux généralisé. L'anxiété et l'angoisse sont à peu près de même nature : ce qui change, c'est l'intensité de la manifestation. L'angoisse est beaucoup plus intense et souvent accompagnée de troubles physiques, telles les mains moites, les sensations de « boule » ou de « nœud » dans la gorge, etc. Tout comme la fièvre signale un problème physique autre qu'elle-même, l'angoisse dénote un conflit inconscient. L'attaque de panique, elle, est l'expression paroxystique de l'angoisse. C'est un épisode aigu, qui survient à l'improviste, avec une impression de « dépersonnalisation », comme si l'on devenait « fou ». Parfois, après une attaque de panique, le sujet est affecté d'un trouble anxieux généralisé, par peur de voir surgir une nouvelle attaque de panique. Un mécanisme vicieux, de type phobique, peut alors s'installer. Le trouble anxieux généralisé ne se réfère pas à l'intensité de la sensation vécue, comme l'anxiété, l'angoisse ou même l'attaque de panique. Il s'agit d'une situation d'anxiété permanente, qui porte sur tout et n'importe quoi, devenant éprouvante pour l'entourage, qui s'en trouve « manipulé » dans le sens où la personne anxieuse oblige non seulement les autres à penser comme elle, à craindre les mêmes choses, mais elle les empêche aussi, toujours par réflexe timoré, d'accomplir de nombreuses tâches, voire d'entreprendre ou de mener à bien des initiatives. Les proches, notamment les enfants, perdent peu à peu confiance en eux.

C'est le cas de l'anxieuse concernée par le témoignage ci-dessous, qui est pleine d'une angoisse omniprésente, chaque détail de la vie quotidienne étant source d'inquiétude. Là encore, il pourrait s'agir d'un homme comme d'une femme. Les psychanalystes reçoivent nombre de patients anxieux ; ces derniers le sont en général tous, c'est ce qui les amène à venir consulter. Mais l'anxieux(se) dont nous parlons ici n'est pas aux prises avec un sentiment passager ; il ou elle vit ainsi constamment, depuis très longtemps, à tel point que ses proches ne pourraient affirmer l'avoir vu(e) autrement que dans cet éternel état de tension. De nos jours, cette inquiétude constante est fréquente et l'anxiété généralisée, qui habite la personne vingt-quatre heures sur vingt-quatre sans un motif précis ou unique, constitue l'un des travers de notre société. La mise en compétition au travail, les rythmes effrénés, les responsabilités multiples, l'insécurité quotidienne, la violence diffuse, tout contribue à générer un climat propice à l'angoisse, même chez les personnes saines et normalement équilibrées. Il s'agit généralement d'épisodes « passagers », durant de quelques semaines à plusieurs mois.

La personne anxieuse, telle qu'elle est décrite ici par sa fille semble, elle, avoir toujours été comme cela. Sa vie, ses relations avec les autres en sont très influencées et, plus qu'un état, l'anxiété est considérée chez elle comme un trait de caractère : « Elle est comme ça. »

Il ne s'agit pas forcément d'une femme ou d'un homme dépressif ; cela peut même être quelqu'un d'assez actif, dynamique, dont l'anxiété n'est pas reconnue. « Moi ? Anxieuse ? Pas plus que n'importe qui ! » Ses proches, en revanche, auront une vision plus lucide, bien que généralement résignée.

« Ma mère est une grande anxieuse, raconte Hélène, 29 ans, qui vit à quelques centaines de mètres de chez ses parents. Pour elle, tout est source de problèmes. Elle voit tout en noir. Le pessimisme systématique est sa seconde nature ! Quand j'étais petite, dès que je prenais un objet en main, elle disait : “Attention, tu vas le casser.” Si je me versais de l'eau, j'avais aussitôt

droit au sempiternel : "Tu vas le renverser !" Et ainsi de suite, pour tout. Si aujourd'hui je ne suis jamais sûre de moi, si je doute tant, c'est aussi à cause de ces avertissements pseudo-catastrophiques qui ont scandé ma vie d'enfant. Je ne veux pas accuser ma mère, et je pense que chacun est surtout ce qu'il s'applique à être, mais certaines choses s'ancrent en nous, à notre insu. Maintenant je vis seule, je suis indépendante, mais j'ai eu beaucoup de mal à me détacher de mes parents, du cocon familial. Je me rends compte que je ne pensais pas en être capable, en fait !
C'est normal, ajoute Hélène en souriant. Comment voulez-vous que quelqu'un qui n'est pas en mesure de remplir un verre d'eau sans le renverser (du coup, cela m'arrivait souvent, en effet) puisse vivre seul ! »

L'anxiété permanente d'un parent a effectivement des conséquences sur l'entourage immédiat, sur le conjoint, les enfants.

En quoi l'anxieuse agit-elle par manipulation ? Tout d'abord, parce qu'elle décharge son anxiété sur les autres et induit ce même sentiment chez eux : ils deviennent angoissés à leur tour, à moins que, par réaction contraire, ils ne tombent dans l'indolence, comme pour s'anesthésier devant l'extrême nervosité de l'anxieuse.

Elle force ses proches à se mobiliser ponctuellement pour la rassurer… mais elle n'est pas « rassurable » ! Elle récuse toutes les solutions qu'on lui propose.

« Ma mère me déverse tous les jours, au téléphone, les problèmes du jour : un mal de ventre persistant, un genou gonflé, la grippe aviaire ou porcine, le taux de pollution, la chaleur, les tuyaux qui vont éclater à la campagne, "C'est sûr !", lorsqu'il fait froid. Si je lui donne un conseil ou que je trouve une solution – et autrefois je m'échinais à le faire –, elle répond immanquablement que ça ne marchera pas, comme si elle voulait garder son problème. »

Elle provoque des alertes inutiles, ce qui amène les autres, avec le temps, à attribuer moins d'importance à ses dires, avec le risque de les sous-estimer ou de donner à la personne anxieuse l'impression qu'elle n'est pas écoutée, ce qui la rendra encore plus anxieuse et « demandeuse » d'égards.

> « Ma mère a un cancer du côlon un jour sur deux, celui du cerveau au moins une fois par mois. Le problème est que si elle devait un jour montrer les signes d'une vraie pathologie, mon père et moi n'aurions peut-être pas le réflexe de lui accorder assez d'attention... »

En effet, l'anxieuse est aussi, souvent, hypocondriaque : elle craint la maladie comme la peste, pourrait-on dire... Elle instaure un climat de tension, de pessimisme.

> « Quand je lui dis que je vais à tel endroit en voiture, dans Paris, dit Hélène, elle a toujours la même phrase : "Tu ne pourras pas te garer !" Je crois que je passe ma vie, symboliquement, à prouver à ma mère que je vais pouvoir me garer et que je ne vais pas renverser mon verre... »

Elle décourage les autres, les dissuade d'agir, d'entreprendre telle ou telle initiative, ce qui peut provoquer leur immobilisme. Elle induit chez eux un manque de confiance, car ils se disent : « Elle a peut-être raison, je n'y arriverai pas. » Un immobilisme qu'elle va ensuite leur reprocher...

En tant que mère, elle est souvent oppressante, trop « mère poule ». En tant qu'épouse, elle freine l'autre, l'empêche de s'épanouir. Il s'agit là d'une démarche inconsciente : elle ne veut aucun mal à l'autre, bien au contraire.

Elle anticipe beaucoup et « profite » peu, ou alors avec une sensation d'urgence opprimante pour tous.

« Lorsqu'elle est en vacances, elle commence à parler du retour une semaine avant. Dans quelques jours, à la même heure, nous serons dans le train ; finies les vacances ! sourit Hélène. Trois jours avant le départ, elle commence les valises. En même temps, elle arrête toute activité vacancière, comme les promenades, excursions, divertissements variés : elle est déjà, avec une avance anormale, en dehors du séjour. Cela se termine bien avant la fin... Évidemment, elle a aussi peur d'être en retard à la gare. »

En résumé, ce type de femme (ou d'homme) apporte au foyer tension et anxiété : il ou elle transpose vers l'extérieur tout ce qui est ressenti intérieurement. Le conjoint souffre beaucoup lui aussi ; il n'est « jamais tranquille », toujours en haleine même lorsque rien ne le requiert.

Le paranoïaque

Là aussi, ce terme est passé dans le langage courant et nous avons tous, plus ou moins proche de nous, un « parano » qui cherche qui lui a caché ses clés, qui a cassé la télécommande, etc.

Le véritable paranoïaque pathologique, qui peut passer à l'acte en attaquant physiquement ses « persécuteurs », fait en général l'objet d'un traitement psychiatrique, car il peut se révéler dangereux en raison de l'agressivité qu'il déploie pour se défendre de l'assaut dont il se croit victime. Ce type de pathologie a donc parfois des conséquences médico-légales. Le paranoïaque pense que tout le monde lui en veut, qu'une ou plusieurs personnes veulent lui porter atteinte, le détruire. Il s'agit donc d'un délire de persécution interprétatif : il « voit » des signes dont son esprit s'empare pour alimenter ce délire. Il interprète tous les événements, les comportements d'autrui, en fonction de l'idée qu'on « lui veut du mal ». Selon son point de vue, il réagit pour se défendre ou pour prévenir une attaque, déjouer des complots. Il déploie une agressivité réactionnelle.

Pour ce faire, il dépense d'abord beaucoup d'énergie à constituer des preuves de l'agression dont il dit être l'objet, il élabore des théories. En général, elles se tiennent parfaitement ; il est crédible. Aussi son entourage peut-il être amené à croire les élucubrations les plus farfelues, du moment qu'elles sont habilement présentées.

Pour lui, l'autre est un ennemi à abattre. Dans son optique, il ne fait que se protéger, alors qu'en réalité il agresse.

Comment manipule-t-il ?

Il manipule par interprétation et par accusation. Il amène les autres à se justifier sur ce qu'ils n'ont pas fait. Il ne peut, lui, être coupable. S'il fait tomber un verre et qu'il le casse, c'est forcément parce que quelqu'un l'avait placé là, « prêt à tomber ». Chaque fois, il existe une faille qui amène l'autre à se sentir coupable : « N'aurais-je pas vraiment mal posé le verre ? » C'est en cela que réside la manipulation du parano : il parvient à induire cette culpabilité. La fois suivante, le ou la partenaire fera attention à sa façon de ranger les verres : la manipulation consiste aussi à obtenir de l'autre qu'il ou elle change ses comportements et les adapte aux réactions du parano, en les anticipant.

Par ses raisonnements partiaux, le parano « change » la réalité, attribue aux gens des intentions qu'ils n'ont pas, arrange les faits à sa manière. Son monde est soumis à sa vision, et les règles qu'il dicte sont élaborées à travers le filtre de cette interprétation.

> « La vie était impossible à la maison, raconte Sophie. Notre père voyait le mal partout, il passait son temps – et donc, aussi, le nôtre – à chercher des coupables pour les faits les plus anodins. C'était une obsession. Il entrait dans des rages folles, en particulier contre ma mère qu'il accusait un peu de tout.
> Je me souviens qu'il était très remonté contre notre tante, la sœur de ma mère, qu'il accusait de vouloir accaparer l'héritage des grands-parents. Cette histoire a duré des années, jusqu'à la mort de notre tante. Nous n'avions pas le droit d'aller la voir, de peur qu'elle ne nous endoctrine, d'après lui. C'était épuisant. Quand nous avons quitté la maison, cela a été un soulagement pour moi et mon frère. Nous avons loué un petit appartement ensemble, en ville. Nous pensions souvent à notre mère qui devait continuer de le supporter, lui et ses lubies. »

Le « parano » impose autour de lui un climat d'insécurité permanente. Il amène les autres à toujours être sur leurs gardes ; ils ont peur de faire telle ou telle chose, de répondre, car ils ne savent jamais comment leurs actions ou leurs dires seront interprétés. En les accusant de vouloir lui nuire ou simplement l'ennuyer, le parano les culpabilise : c'est un trait de la manipulation qu'il exerce. Il induit également de la crainte dans son entourage, de la méfiance et de la suspicion. Il est souvent mégalomane, se surestime, pensant être le meilleur, le plus intelligent et le plus fort. Sa (fausse) modestie est, le cas échéant, superficielle et feinte. Enfin, comme nous l'avons déjà souligné, il peut être tout à fait convaincant.

La plupart du temps, les traits du parano se limitent à des faits bénins : il pense simplement toujours à mal, est suspicieux, ne fait pas facilement confiance à autrui.

Le Pygmalion

Selon le mythe, Pygmalion, sculpteur sur l'île de Chypre, tomba amoureux d'une statue d'ivoire qu'il avait lui-même fabriquée selon sa vision de la femme idéale. Il lui donna le nom de Galatée, l'habilla et la para richement. Durant les fêtes consacrées à Aphrodite, déesse de l'Amour, Pygmalion pria la déesse afin qu'elle lui donne une épouse en tous points semblable à la statue. La déesse exauça ce vœu, donnant alors vie à Galatée, qui devint l'épouse de Pygmalion et eut avec lui un fils, Paphos.

Conformément à la légende, ce que l'on nomme l'« effet Pygmalion » désigne le phénomène qui consiste en ce qu'une croyance porte à la réalisation d'un événement, et ce, uniquement grâce à cette croyance. C'est la foi qui déclenche l'événement. C'est ce que l'on appelle aussi la « pensée magique », qui est un trait de la petite enfance.

Lorsqu'un enfant s'identifie fortement à l'un des parents et qu'il est convaincu de cette ressemblance de caractère, il devient « comme » ce parent, aussi doué que lui pour le tennis, par exemple. Il répète les actes de ce parent (ou, au contraire, s'y oppose par rébellion, mais, même par contraste, il s'agit toujours d'une réaction par rapport à ce qu'est le père ou la mère).

L'homme moderne qui se pose en Pygmalion se conforme aussi bien au mythe qu'à l'effet Pygmalion : il choisit une femme jeune et belle (la femme idéale du mythe), il en tombe amoureux parce qu'il la crée ou parce qu'il sait qu'il *va* la créer (l'effet Pygmalion se traduirait ici par : « Ce à quoi je crois adviendra, cette femme va devenir *la* femme idéale »). Il élit une jeune femme qu'il va modeler comme le sculpteur modèle son œuvre, en la faisant éclore, aussi bien au niveau personnel que professionnel.

Cette jeune femme a bien des points communs avec la Galatée de la légende : le Pygmalion la considère comme une matière brute qu'il va pouvoir travailler et « plasmer ». En cela, elle est une « statue », dont lui, et lui seul, fera surgir la vie, la beauté, le talent, etc. Ce sera *sa* « créature »...

Pourquoi Pygmalion choisit-il une femme jeune – du moins, plus jeune que lui ? Parce que cette jeunesse représente la pierre brute, et que seule la substance mal définie, non finie, malléable, non épanouie ni éclose, peut être modelée à loisir. C'est là la principale manipulation de l'homme Pygmalion : il modèle son objet d'élection. On peut donc avancer qu'il n'est pas attaché à cette femme pour ce qu'elle est, mais plutôt pour ce qu'elle *peut* être, ce qu'elle deviendra sous ses mains.

D'autre part, la jeunesse de sa compagne rajeunit le Pygmalion lui-même, lui renvoie une image positive de lui, tout comme la beauté. Il est capable, aux yeux de tous, de séduire cette créature jeune et belle...

Ce qui cependant intéresse le plus le Pygmalion est d'être un créateur, d'en retirer fierté et gloire. L'autre n'est que le reflet de sa bravoure, et sert à le mettre en valeur : c'est le deuxième élément de l'œuvre de manipulation de l'homme Pygmalion.

Pourtant, cette relation se construit à deux, et la muse est généralement tout à fait « consentante ». Elle-même cherchait cette correspondance, ce lien avec une figure « paternelle ». Leur relation peut donc être équilibrée et durable. D'ailleurs, en approfondissant notre observation, ne pourrions-nous pas constater que la muse de Pygmalion a, elle aussi, un grand pouvoir sur lui ? Elle est un objet de fierté, de désir, de valorisation, elle est précieuse. Cela lui confère un immense pouvoir : sans elle, Pygmalion ne serait plus qu'un homme ordinaire, parmi tant d'autres. Avec elle à ses côtés, il est un demi-dieu (il crée *sa* « créature »).

En somme, si Pygmalion manipule son objet, celui-ci n'est pas exempt de puissance...

Manuel et Johanna se sont rencontrés lors d'un concert. Il est chef d'orchestre ; maquilleuse de formation, elle prend maintenant des cours de chant lyrique. Vingt-cinq années les séparent, mais tout les rassemble. « Lorsque j'ai connu Manuel, confie Johanna, j'étais assez timide, un peu sauvage. Je ne savais pas très bien ce que j'allais faire de ma vie. Je n'avais pas envie de rester maquilleuse jusqu'à la fin de mes jours, même si c'est un métier qui permet d'approcher des gens passionnants, lorsque comme moi on travaille avec un théâtre.
Manuel ne m'a pas fait la cour tout de suite – du moins, disons que je ne m'en suis pas aperçue ! Il était simplement très gentil, très attentif à moi. C'était la première fois que quelqu'un me regardait comme ça. C'était agréable et intimidant. Le jour où il m'a raccompagnée chez moi après un concert, j'ai ressenti un trouble particulier, profond, auquel je ne m'attendais pas. Pourtant, il n'a rien laissé paraître ce soir-là. Mais moi, j'ai commencé à penser à lui différemment. Puis les événements se sont précipités... nous avons entamé une relation.
Il a découvert que j'avais une belle voix et m'a incitée à m'inscrire à un cours de chant lyrique. J'adore ça ! C'est devenu une véritable passion. Grâce à Manuel, j'ai l'impression d'avoir trouvé ma vocation ; je lui en suis très reconnaissante.
La différence d'âge ? Pour nous ce n'est pas important. Bien sûr, lorsque nous nous promenons dans la rue main dans la main, les gens nous dévisagent parfois. Tant pis pour eux. Nous avons appris à ne pas y accorder d'attention. C'est notre vie ; nous sommes heureux ainsi. »

L'Amazone, ou la femme phallique

Selon la mythologie grecque, les Amazones étaient un peuple de femmes guerrières vivant sur les bords du fleuve Thermodon, en Cappadoce, dans l'actuelle Turquie. Robustes et musclées, énergiques, déterminées et cruelles, elles coupaient leur sein droit afin de faciliter leur pratique du tir à l'arc. Pour assurer leur descendance, elles s'unissaient une fois l'an à des hommes de peuples voisins choisis pour leur beauté. Une fois l'accouchement advenu, elles tuaient les enfants mâles, n'en gardant que quelques-uns pour les utiliser comme serviteurs après les avoir estropiés. Leurs attributs, propres aux cavaliers des steppes, étaient le *péltê*, bouclier en forme de demi-lune, l'arc et ses flèches, la lance, le cheval et la hache. De nombreux héros grecs ont eu affaire à elles, tels Achille, Héraclès, Thésée, Priam. Souvent, après avoir aimé une reine, le héros grec la tue, comme Achille avec Penthésilée, qui était venue au secours des Troyens…

Enfin, selon les Amazones, l'infirmité de l'homme l'empêcherait d'être violent ou d'abuser de son pouvoir et de le monopoliser. Devant une délégation d'hommes scythes physiquement irréprochables venus offrir leurs bienfaits en tant qu'amants, la reine Antianeira aurait même rétorqué que « l'estropié est le meilleur des amants »…

La femme phallique (non pas celle qui possède un organe sexuel mâle en plus de l'attribut féminin, l'hermaphrodite, mais bien celle qui possède cette « puissance » typiquement masculine) est une castratrice. De la même manière que l'Amazone « originelle » attaquait l'intégrité physique du mâle, cette femme « castre » l'homme qui vit à ses côtés en l'empêchant de se déployer en tant que tel. Elle le limite considérablement dans ses agissements d'homme, elle lui « coupe l'herbe sous le pied », lui vole son rôle et sa place. Ce à quoi elle aspire, c'est le pouvoir masculin. Parfois, elle endosse les caractéristiques physiques et comportementales du mâle, s'habille comme lui, bouge à sa façon, rejette les « faiblesses » considérées comme spécifiques de la femme. Elle ne se coupe peut-être pas un sein comme les Amazones de Cappadoce mais, par sa tenue vestimentaire par exemple, « efface » ses traits féminins. Habituellement en pantalon, « sans chichis ». Mais, le plus souvent, elle reste très « féminine », car elle veut s'arroger les deux prérogatives, masculine et féminine.

Comme l'Amazone qui se dotait d'armes guerrières, symboles d'agressivité virile, la femme phallique s'équipe éventuellement d'objets associés à des activités masculines, comme les motos, « accessoires » qui incarnent son « phallus », c'est-à-dire sa puissance.

C'est souvent une femme qui réussit sa vie professionnelle, s'y affirme. Une femme chef d'entreprise, chef de département dans une société, directrice... chef de quelque chose, quoi qu'il en soit. Une dirigeante. Femme de tête et de corps.

En quoi manipule-t-elle ? Elle usurpe un rôle, qu'elle tend à « voler » à son compagnon, lorsqu'elle en a un. Elle rabaisse l'homme dans sa virilité, à la façon de l'Amazone qui le mutilait et le reléguait au rang de serviteur.

Riche de contradictions, elle veut à la fois dominer le masculin, l'écraser, et s'approprier son pouvoir : aime-t-elle le masculin ou le hait-elle ? Elle le veut pour elle, mais le rejette en même temps... En réalité, elle semble vouloir les deux à la fois : rester femme en étant homme (avoir tout de lui). De ce fait, elle oblige l'autre, son compagnon, à la respecter en tant que femme mais à la traiter d'égal à égale, « en homme ».

Élise a rencontré Jean en vacances, dans un club pour célibataires dont l'intention est de trouver une personne avec qui passer quelques jours ou… plus. Élise, qui dirige une chaîne de boutiques de vêtements, avait décidé qu'il était temps pour elle de trouver un compagnon de vie. Elle s'était sentie assez mal à l'aise dans l'ambiance du club, où tout avait l'air faussement enjoué et où beaucoup d'hommes semblaient ne rechercher qu'une aventure fugace.

« Puis Jean est venu s'asseoir à côté de moi, il m'a parlé. Pour une fois, ce n'était pas moi qui prenais l'initiative. J'ai bien aimé, d'autant plus qu'il n'était ni envahissant ni trop sûr de lui. Je me suis sentie vue en tant que femme, ce qui m'arrive rarement, dit-elle en riant.

Mon prénom, Élise, signifie : “qui est effacée”. Ce n'est pas exactement mon cas ! Jean, par contre, est plus discret. C'est ce que j'ai apprécié chez lui. Le fait qu'il ne veuille pas m'empêcher de m'affirmer comme j'en ai l'habitude.

Qui porte le pantalon à la maison ? Eh bien… tous les deux ! »

II

LE PERVERS NARCISSIQUE

5

Le personnage

Vu de l'extérieur, que du bonheur ?

Comme nous l'avons montré dans la première partie de cet ouvrage, les femmes manipulent beaucoup, à l'intérieur du couple, quel que soit le modèle sur lequel celui-ci est construit. Certaines épouses ou compagnes se plaisent à affirmer leur forte personnalité, à dominer leur conjoint et la famille tout entière. Mais elles ne vont pas jusqu'à détruire leur compagnon. Même lorsqu'elles dominent beaucoup et écrasent sa personnalité, l'homme ne ressent pas la souffrance engendrée par les agissements du pervers narcissique. Par exemple, l'homme garde généralement un terrain d'échappatoire sur lequel sa compagne n'aura aucune emprise, telle une activité extérieure, sportive ou non, son travail (il est très rare qu'une femme induise son conjoint à le quitter), ou il fait tout simplement la sourde oreille, il ignore. Quant à la violence physique, il existe beaucoup moins d'hommes battus que de femmes…

Toutefois, la question de savoir exactement pourquoi le pervers narcissique est plus souvent un homme est intéressante, car la perversion « hors sexe » existe aussi chez la femme, bien qu'elle soit beaucoup plus rare…

La force physique normalement supérieure de l'homme et son statut social ne suffisent pas à l'expliquer. Il semble que la source de ce type de personnalité réside dans le complexe d'Œdipe. Le petit garçon, « épris » de sa mère, souhaite prendre la place du père. Pour que l'enfant dépasse ce stade, le père doit « interdire » à l'enfant, soit « dire en s'interposant » entre la mère et l'enfant. L'homme doit « dire la loi », en se positionnant comme un tiers, interdire *sa* femme, la mère de l'enfant (et, par conséquent, « autoriser » toutes les autres femmes). Si cette interdiction n'est pas prononcée, une grande confusion s'installe chez l'enfant, source d'angoisse intense. Or le mécanisme de défense qui se met en place est celui du déni... que l'on retrouve chez le pervers narcissique sous la forme du déni de l'autre, qui « n'existe » pas. Mais la construction d'une telle personnalité, peu connue à ce jour, dépend probablement aussi d'autres facteurs.

Le prince charmant

Quoi qu'il en soit, l'homme pervers narcissique est, vu de l'extérieur, tout à fait respectable et recommandable : le gendre idéal, le mari rêvé... Plutôt bien intégré socialement, le pervers narcissique n'apparaît pas forcément, au premier abord, comme un égocentré et encore moins comme un pervers. Il peut parfois paraître arrogant, mais pas toujours. Son comportement social, au-delà de l'approche d'une éventuelle proie, est absolument normal. Il est même plutôt brillant. Il sait faire patte de velours, pour séduire la femme sur laquelle il a jeté son dévolu d'abord, et les personnes de son entourage ensuite... Il vient à l'idée un avertissement utile à celles qui se font approcher par lui : Attention, homme parfait !

Jacques et Nathalie se sont connus à leur travail. Jacques occupe un poste de cadre commercial dans une grande entreprise. Nathalie était la secrétaire trilingue du directeur du département.
« Nous nous sommes rencontrés dans les couloirs, dit Nathalie. Le regard de Jacques m'a tout de suite "accrochée", dès les premières fois où je l'ai croisé. Il disait bonjour et me souriait, mais il y avait bien plus que de la gaieté ou de l'empathie dans ses yeux. J'avais l'impression d'être scrutée, dévoilée, envahie... sans que cela soit désagréable, au contraire. C'était un regard perçant mais enveloppant, comme une caresse appuyée. Un jour, quelques semaines après son arrivée dans notre bureau, il s'est arrêté près de moi et m'a parlé. Sa voix a un timbre extraordinaire, doux et fort, un peu rauque. En vérité, j'attendais cet instant avec impatience. Je me demandais pourquoi il me souriait avec tant d'insistance, sans jamais se résoudre à m'adresser la parole. Moi, je n'osais pas faire le premier pas. Je le rencontrais de plus en plus souvent, "par hasard", à la cafétéria ou au détour d'un couloir. Il m'arrivait d'essayer de provoquer ces rencontres, car j'avais très envie de lier connaissance avec lui. J'avais questionné discrètement ses collègues, que je connais depuis que je travaille ici, et l'on m'avait dit beaucoup de bien de lui : très dynamique, efficace, plein d'initiative, diplômé à faire pâlir d'envie tout l'étage, et qui plus est, sympathique et serviable... bref, j'étais séduite avant l'heure et, lorsqu'il s'est adressé à moi avec sa voix de velours, j'ai immédiatement été très sensible à son approche. Il n'est pas vraiment beau, pas dans le sens où on l'entend... son visage est anguleux, son menton volontaire, ses traits un peu marqués, mais il a un charme fou – et des dents parfaites, si blanches ! »

Le pervers narcissique sait se faire aimer, lorsqu'il le veut. Il est capable, dans sa « procédure » de séduction, de paraître exactement ce qu'il n'est pas. En cela réside son premier acte de manipulation. Pour séduire, nous essayons tous d'offrir notre meilleur jour ; lui se présente, non sous son meilleur jour, mais sous un jour faux, qui n'est pas sa vraie nature. Par exemple, il se montre (tout à fait momentanément) généreux ou attentif au discours d'autrui, alors qu'il ne l'est aucunement.

« Des autres secrétaires aux femmes de ménage, en passant par les cadres et chefs de groupes, elles étaient toutes folles de lui : "Ah ! Jacques ! c'est une personnalité", disaient-elles. Pour ma part, j'étais perplexe. Il me semblait percevoir... une nuance... de cruauté, chez lui. Un jour, l'un de ses collègues a eu un accident de moto ; il était dans le coma. Le jour où nous avons appris la nouvelle, au bureau, Jacques a eu une remarque qui m'a déplu, alors que nous prenions un café pendant la pause. Il a dit : "Ça en fera un de moins ! De toute façon, il était nul dans le boulot." L'imparfait, à propos de ce collègue, d'ailleurs très apprécié, voilà ce qui m'a le plus choquée. Il l'avait liquidé, en somme. Il a fait semblant de plaisanter, mais moi, je pense que rien n'est anodin. Jacques a beaucoup d'ambition. Notre collègue gênait son ascension, je le sais aujourd'hui. Après, la vie de bureau a repris normalement, chacun à son poste. Assez vite, j'ai remarqué que plusieurs personnes qui s'entendaient très bien depuis des années étaient en froid. Je me suis demandé quelle en était la raison, mais comme je n'étais pas directement concernée, je n'ai pas cherché à en savoir plus. Simplement, l'ambiance avait changé.
Jacques allait parfois jouer au golf avec le patron. Il l'avait conquis, avec son aisance et son élégance naturelles... Quelques semaines après son arrivée dans l'entreprise, il m'a invitée à dîner. Au restaurant, à la fin du repas, il s'est "aperçu" qu'il n'avait pas sa carte Bleue. J'ai réglé l'addition... Pour "me consoler", il m'a invitée à prendre un verre chez lui. C'est ainsi que nous avons entamé notre relation et, au début, j'étais heureuse. Je suis allée vivre avec lui ; il me l'a demandé au bout d'à peine trois mois. Comme j'avais très envie de construire un

couple stable, d'avoir des enfants, j'ai cru que c'était le tournant de ma vie, l'homme qu'il me fallait. Les ennuis ont commencé lorsque j'ai cessé mon travail. Je n'ai pas vraiment été licenciée, mais disons que l'on m'a « encouragée » à partir, avec une prime. Comme de son côté Jacques semblait apprécier que je reste à la maison, je n'ai pas voulu entrer dans des litiges interminables et éprouvants. Mais, presque du jour où j'ai arrêté de travailler, il a changé. Il est devenu irascible, il s'énervait pour un oui pour un non. J'ai vite regretté d'avoir quitté mon emploi. Je ne savais plus que faire de mes journées. J'ai commencé à tout négliger, moi-même, notre intérieur, les tâches ménagères... Bien sûr, Jacques me le reprochait abondamment. La vie quotidienne est rapidement devenue pénible. J'avais la sensation de me trouver face à un homme totalement différent de celui que j'avais connu du temps de mon secrétariat. Il était toujours aussi attirant extérieurement, mais... le masque était tombé.
Je l'aimais encore; j'ai tenté de sauver ce couple en lequel je croyais. J'ai demandé à Jacques de faire un enfant; il n'a pas voulu. J'étais désemparée par ce refus catégorique, alors que lorsque nous nous étions rencontrés il m'avait dit rêver d'une famille nombreuse! »

Vu de l'extérieur, le pervers narcissique est très différent selon qu'il cherche à séduire ou à dominer. Tandis que les autres le trouvent généralement « formidable », sa compagne souffre et découvre, elle, le revers de la médaille.

Narcissisme intellectuel

Le sujet supérieurement intelligent exerce plus de fascination par sa pensée que par son image. Il n'accorde pas forcément de l'importance à son apparence physique et ne prend donc pas nécessairement un soin extrême de sa personne. Son charme et même son magnétisme relèvent de sa grande capacité à séduire par l'esprit. Il brille énormément, dès qu'il s'exprime sur son sujet de compétence préféré. Son expression verbale fait apparaître une rhétorique à toute épreuve, et il maîtrise à merveille « l'art d'avoir toujours raison » décrit par Schopenhauer[1]. Son agilité mentale et intellectuelle lui permet de facilement « retomber sur ses pattes » et ses démonstrations sont souvent magistrales, avec un effet de forte séduction auprès de son auditoire. Exempt de toute empathie envers autrui, il ne laisse rien passer, saisit la moindre contradiction ou hésitation chez son interlocuteur et sait tirer profit de tout argument. Sûr de lui, il ne se laisse pas déstabiliser, ni affecter par rien.

Il existe nombre de ces personnages chez les grands intellectuels qui étendent leur supériorité sur autrui, non seulement durant l'exercice de leur activité et leurs discours, mais aussi tout au long de la journée, au quotidien, avec une emprise dominante sur leurs proches ou leurs subordonnés. Ils considèrent en fait, plus ou moins consciemment, qu'au vu de leur supériorité intellectuelle, le monde entier leur est inférieur en tout.

Ainsi raconte Silvia : « J'étais la-femme-du-professeur G. On ne me nommait presque jamais directement. “Monsieur G., ou le professeur G... et sa femme”, disait-on, comme on aurait dit : “Monsieur Untel et son chien.” Il m'est arrivé de penser exactement cela, d'ailleurs, quand, par exemple, nous avions reçu un carton d'invitation à telle ou telle occasion. Je me disais que si mon mari était arrivé avec un caniche blanc en laisse, au lieu de moi en robe cintrée BCBG, peut-être que personne n'aurait vu la différence ! Je suis sérieuse. Un jour, il m'a *oubliée* dans

---

1. Arthur Schopenhauer, « L'art d'avoir toujours raison », *La Dialectique éristique*, Mille et une nuits, 2003.

le taxi qui nous avait conduits à une réception. Je n'étais pas descendue assez vite, mon sac s'étant ouvert et renversé. Il est sorti du taxi et a commencé à monter seul les escaliers de l'hôtel où nous allions dîner. C'est seulement arrivé en haut des marches qu'il s'est brusquement retourné pour voir où j'étais. Il avait dû sentir qu'il manquait quelque chose derrière lui, derrière ses épaules, une ombre à laquelle il était habitué... C'était moi.
Issue d'une famille bourgeoise assez traditionnelle, j'avais dans l'idée que le mariage, c'est pour toujours. On m'avait, dès l'enfance, inculqué des valeurs, des principes... mais cela n'a plus beaucoup de sens quand tout va mal et que l'incompréhension gangrène la relation. J'ai mis longtemps avant de m'avouer que la valeur la plus sûre, c'est tout simplement la vérité... Je me disais que les enfants souffriraient d'un divorce, que je ne pouvais pas leur faire ça. Nous avons deux enfants ; à l'époque de la crise de mon couple et de ma dépression, ils avaient 14 et 8 ans. L'aîné, mon fils, m'a avoué plus tard que le divorce l'avait fait souffrir, oui, mais que le soulagement avait vite pris le pas sur la douleur de voir la famille se défaire, parce qu'il avait eu la sensation de *retrouver sa mère*. »

De l'intérieur : voyage au centre de la guerre

Dans la terminologie de « pervers narcissique », nous retrouvons deux pathologies qui se sont associées : celle de la perversion et celle du narcissisme (dans sa définition morbide). Ce concept est relativement nouveau et nous pensons que son développement est lié à de nombreux facteurs sociaux, psychosociaux, et qu'il entre dans le cadre de la sémiologie contemporaine. Alors que la notion de perversion a été élaborée à la fin du XIXe siècle pour rendre compte de « déviances » sexuelles, elle est aujourd'hui passée dans le langage commun et nous observons un glissement de la notion vers celle que nous qualifierons de « perversion relationnelle ». C'est bien dans sa façon d'être en relation à l'autre, au monde et à lui-même que se manifeste le trouble qui nous intéresse ici. Il est question de modification des tendances affectives.

Si l'on devait, à l'instar du Daninos des *Carnets du major Thompson* qui, « ouvrant » un Anglais, y découvre « un chat à neuf queues, un imperméable » et nombre d'autres anglaiseries, qu'adviendrait-il, donc, si l'on s'avisait d'observer un pervers narcissique de l'intérieur ? Que trouverait-on ? Eh bien, tout d'abord du vide, beaucoup de vide. C'est justement là que se situe le problème : une absence de substance, de sentiments inscrits, de vécu satisfaisant ; on pourrait presque ajouter : de souvenirs. Le pervers narcissique a-t-il une histoire ? L'histoire de l'individu, c'est ce qui se construit jour après jour, expérience après expérience. Or le pervers narcissique en a sans doute une – nous en avons tous une –, mais il n'a pas pu se l'approprier. Elle a glissé sur lui comme la pluie sur l'acier…

Jacques livre parfois à Nathalie quelques bribes de son enfance. Issu d'une fratrie de deux enfants dont il est le benjamin, il n'a que douze mois d'écart avec sa sœur. Il dit avec un petit sourire en coin qu'il est un accident, qu'il n'a pas été désiré… qu'il est celui qui n'était pas attendu.

De son père, il n'a que peu de souvenirs, jamais là ou alors présent par ses cris ; on en avait peur. Sa mère, elle, était occupée ailleurs.

Il dit avoir eu l'impression de s'être construit tout seul, de ne pas avoir été aimé.

Il n'y a pas d'affect dans son discours, et pourtant Nathalie est émue par tant de souffrance, si tôt… « Qu'il est fort, il s'est fait tout seul… je comprends pourquoi il est parfois si sombre. Il m'a raconté que lorsqu'il avait environ 7 ans, il avait pensé à se suicider et qu'il avait même fait des essais en retenant sa respi-

ration. Cette confidence de sa part m'a beaucoup marquée. J'imaginais, je voyais presque cet enfant. Cette image suscitait l'horreur et la révolte en moi. Après ce récit, elle a été récurrente ; j'y pensais parfois. Je ne pouvais pas l'oublier, ni la mettre de côté. Pourtant, rien ne me semblait si dramatique pour qu'il ait voulu un tel geste. Mais c'est peut-être moi qui n'ai pas su saisir l'intensité de ce qu'il a vécu... Je ne sais pas. Il a bien dû ressentir un vide terrible pour envisager de s'ôter la vie ! Quand je lui demande s'il y avait eu un traumatisme particulier, si un événement était survenu, il dit que non, que sa vie était simplement un “désert de solitude”.
Je ne sais guère quoi en penser, mais je connais sa mère et je me dis qu'en effet il y avait sans doute à souffrir à être son fils, parce qu'elle est très autoritaire, exigeante. J'imagine qu'elle n'a pas transmis cette tendresse simple, douce, qui est l'apanage d'une mère. Je ne comprends pas tout ; Jacques reste un mystère pour moi. »

Sa pathologie : le néant

A-t-il souffert, dans un passé lointain ? Sûrement. C'est pourquoi il met en œuvre des mécanismes aptes à éviter, à éluder toute souffrance. La définition de Paul-Claude Racamier vient à point, qui souligne le mécanisme selon lequel fonctionne le pervers narcissique : un individu qui « se défend des conflits internes... en se faisant valoir au détriment d'un objet manipulé[1] ».

Le pervers narcissique se défend, oui, car il pense être la proie d'une injustice : quelque chose lui était dû, qui ne lui a pas été donné. Il semble que la carence du lien avec la mère soit le nœud affectif ayant déclenché

1. P.-C. Racamier, *Le Génie des origines. Pychanalyse et psychoses*, Payot, 1992.

l'élaboration d'une telle personnalité. Avec le désir (inconscient) de se protéger (d'une souffrance initiale qu'il désavoue) d'une part, et la volonté de combler son vide, d'autre part, il devient incapable de sentiments affectifs durables. Se protéger en « gardant la main » sur l'autre et sur la relation, en maintenant la tête froide, en calculant, en évitant de se « laisser aller ». Éprouver des sentiments profonds et persistants, ce serait risquer le pire aux yeux du pervers narcissique, à savoir la perte du contrôle et du sceptre. Aimer veut dire offrir, et donc s'exposer, mais qu'a-t-il à offrir ?

Quant au vide à remplir, c'est ce qui fait son inconstance et la pauvreté de ses sentiments qui filent comme le vent : le cœur du pervers narcissique est un puits sans fond, une âme jamais rassasiée. Aussitôt acquis, son contentement est instantanément « évacué ». Les victimes disent d'ailleurs toujours que tout ce qu'elles font semble ne jamais suffire, que leur homme, leur mari ou conjoint, est presque impossible à satisfaire. Elles ont raison. Il *ne peut pas* être satisfait, ni par elles ni par qui que ce soit. La seule satisfaction stable et nourrissante qui pourrait le combler est celle qui lui a manqué par le passé. Elle n'a pas été fournie et ne viendra plus… ce qui ne l'empêchera pas de courir après toute sa vie.

Ce qui lui a fait défaut, ce sont les gratifications de sa mère, trop occupée « ailleurs ». Alors que les enfants ont besoin, pour se développer, de stimulations de la part des adultes, d'encouragements, il aurait été stimulé par l'absence, par *rien*. On les appelle des « traumatismes relationnels précoces ». Nous pouvons dire qu'il n'a pas été protégé, les règles (la loi) ne lui ont pas été signifiées, donc pas transmises. La loi est aussi ce qui sépare les uns des autres, les enfants des adultes. Lui est devenu adulte tout de suite. Il fera donc lui-même *sa* loi. Il devient alors le maître du monde, le monde sera *son* monde. L'autre n'existera que là où il est attendu, à la place et dans le rôle assignés par le pervers.

De victime, le manipulateur est devenu bourreau, il lui est nécessaire de maîtriser son environnement pour le rendre conforme à sa pensée. Il n'est pas rare que la maîtrise soit également corporelle, par le biais d'exercices de développement musculaire : il veut en imposer. Sa « partenaire » fait partie de cet environnement.

Nathalie se surprend souvent à observer Jacques, une question la hante : que ressent-il ? Il a l'air tellement absent, loin, pas seulement loin d'elle, mais loin de tout, de lui-même. Cette sensation la glace, mais tout de suite, elle se reprend et se convainc qu'elle peut le « dégeler », que, de son amour, elle va le combler. « Il m'arrive de me demander : que veut-il vraiment ? De quoi a-t-il envie ? Je suis certaine de pouvoir lui apporter beaucoup. La question est : quoi ? Je ne sais pas. Je sens très nettement qu'il est, que nous sommes, dans une position contradictoire : c'est comme s'il exigeait énormément de moi, tout en ne voulant pas de ce que je lui donne. Cela me procure un terrible sentiment d'impuissance. Je ne sais pas si cela vient de lui, qui n'est pas rassasiable, ou de moi, qui ne suis pas capable de lui fournir ce dont il a besoin. Le plus grand des bonheurs serait pour moi de le voir reconnaissant de quelque chose que je lui aurais donné, en termes d'affection, de soutien, de compréhension, de connaissance. Je ne parle pas de ce qui est d'ordre matériel, mais de ce qui atteint en profondeur, ce qui "touche", qui établit un vrai contact... Voilà, c'est cela : je vis auprès d'un homme et j'ai l'impression de ne jamais être parvenue à vraiment établir le contact ! Cela me donne le vertige ; je suis au bord d'un gouffre. Combler un désir de Jacques, c'est un rêve qui ne se réalise pas. »

Le pervers n'a pas de désir, mais des besoins, qui réclament une satisfaction immédiate. L'autre n'existe pas et toutes ses tentatives ne peuvent que rester vaines.

Il n'a rien. Ni la souffrance, ni le souvenir de la souffrance, ni la substance. Et c'est pour cette raison qu'il est mû par l'élan irréfrénable de vampiriser une proie, pour en extraire ce qui lui fait défaut. Principalement : la vie, l'essence vitale.

> « À cause de cette sensation de manque de contact, j'ai aussi l'impression qu'il ne me voit pas. Est-ce que j'existe, pour lui ? Oui, mais comme un petit animal à torturer. Il me critique tout le temps, me dit que je ne vaux rien. Récemment, il m'a giflée, pour une broutille. »

Son complément : le narcissisme

Le narcissisme fait aussi partie de ces découvertes de la psychanalyse qui ont évolué au fil des décennies. Tout d'abord considéré comme une perversion (c'est-à-dire prendre sa personne comme objet sexuel, traiter son propre corps de façon semblable à celle dont on traite d'ordinaire le corps d'un objet sexuel), le narcissisme n'est plus considéré comme tel dès 1908, mais comme un stade normal du développement de l'être humain. Il existe un narcissisme « normal » et, dans certains cas, un narcissisme pathologique à part entière.

Lors du développement de l'individu, une étape initiale de narcissisme est incontournable. Le très jeune enfant se voit aimé dans le regard, les mots, les caresses de sa mère. C'est la première phase de la reconnaissance et de l'amour de soi-même, qui permettra plus tard d'aimer les autres, et les prémices du sentiment d'altérité (l'autre existe !). Ces éléments de la relation précoce sont un facteur de croissance psychique. L'enfant s'identifie à ce que la mère lui donne (le père a cette même fonction). Le narcissisme de l'enfant est donc marqué par celui de ses parents.

Si cette relation s'est déroulée de manière satisfaisante, la croissance de la personnalité de l'enfant advient dans de bonnes conditions, du point de vue de la communication et de la pensée. C'est à ce moment que se constitue le sentiment d'identité. Et plus tard, de distinction entre soi et autrui.

Dans le cas où cette évolution rencontre des difficultés, l'enfant se sent impuissant à éveiller l'intérêt de sa mère et installe un « terrain » dépressif, un désintérêt pour ce que les autres peuvent lui apporter. L'enfant se retrouve dans une véritable souffrance et un vide dans le sentiment d'être. Contre cette souffrance-là, de violentes défenses vont progressivement se mettre en place, des défenses de survie. Si le narcissisme « normal » n'a pas pu se former, il va se développer en « négatif », et un vide insondable se creusera. Nous sommes là dans le narcissisme pathologique.

Ce vide qu'il ressent inconsciemment est à masquer, sinon à combler au plus vite et en permanence : c'est comme une hémorragie. Pour ce faire, la « vampirisation » narcissique est idéale ; on y met tout ce qu'on veut et ça ne coûte rien, si ce n'est un peu de stratégie. Il suffit d'y penser et le voici qui comble sa besace vide avec tout ce qui lui vient à l'esprit en termes de narcissisme. Le premier ingrédient essentiel est l'estime de soi... ou du moins son illusion. Le pervers narcissique transforme son rêve d'estime en estime « provisoire ». Ce processus explique qu'il ait une si grande soif de reconnaissance : il faut bien entretenir ce fragile édifice (pas si fragile que ça, parce que bien verrouillé par ses défenses) ! Cela l'amène, évidemment, à penser que tout lui est dû et que rien n'est trop beau pour lui, d'où des désirs immodérés de réussite, de pouvoir, de possession, y compris les acquis matériels. Mais s'il n'a pas pu développer son sentiment d'existence, rien ne pourra combler durablement ce déficit… Et il est donc condamné à répéter sans cesse ce même scénario, sous une forme addictive.

> « J'ai le sentiment, dit Nathalie, qu'il est avide de compliments, comme s'il ne me croyait pas lorsque je lui dis qu'il est beau ou brillant. Lorsque je l'admire, il m'en demande plus, il pose des questions sans cesse sur son physique qu'il cultive quotidiennement, il n'est jamais rassuré. Dès qu'il a cinq minutes, il fait quelques mouvements de gymnastique, une dizaine de pompes, etc. Par exemple, lorsqu'il y a la publicité pendant que nous regardons un film, il se lève, va chercher une boisson et s'arrête devant le canapé pour une mini-séance de musculation des bras ou des fesses. La première fois où je l'ai vu faire, je me suis mise à rire. Je n'aurais pas dû. Il s'est vexé et a répondu que je devrais bien en faire autant… Il se regarde beaucoup, scrute son image. Cela fait penser au mythe de Narcisse. »

La légende et le personnage de Narcisse ont été rendus populaires par le mythe d'Ovide : « Narcisse était l'enfant qu'eut Liriopé avec le fleuve Céphise. Douée d'une rare beauté, elle conçut et mit au monde un enfant qui, dès lors, était digne d'être aimé des nymphes ; elle l'appela Narcisse. Après la naissance de son fils, elle vint consulter le devin Tirésias pour savoir si Narcisse vivrait vieux. Celui-ci lui répondit : "Oui, s'il ne se connaît pas." La beauté de Narcisse était exceptionnelle. Chez beaucoup de jeunes gens, chez beaucoup de jeunes filles, il faisait naître le désir ; mais sa beauté encore tendre cachait un orgueil si dur que ni jeunes gens ni jeunes filles ne purent le toucher. Aussi, de rage, quelqu'un qui s'était vu méprisé par Narcisse vint à s'écrier : "Puisse-t-il aimer, lui aussi, et ne jamais posséder l'objet de son amour !" [Un vœu qu'exauça la déesse de Rhamnonte.] Narcisse vient près d'une source limpide et pure pour apaiser sa soif, mais il sent naître en lui une soif nouvelle ; tandis qu'il boit, épris de son image, qu'il aperçoit dans l'onde, il se passionne pour une illusion sans corps ; il prend pour un corps ce qui n'est que de l'eau ; il s'extasie devant lui-même ; [...] il admire tout ce qui le rend admirable. Sans s'en douter, il se désire lui-même ; il est l'amant et l'objet aimé [...]. » Désespéré de ne pouvoir assouvir son amour de l'impossible étreinte, Narcisse dépérit et mourut. Sa dépouille disparut, « à la place du corps, on trouve une fleur couleur de safran, dont le centre est entouré de blancs pétales ».

Comme nous l'avons dit, celles et ceux qui ont déjà vu un enfant aux premiers jours de la vie ont pu observer ce premier mouvement du nouveau-né : chercher le regard de sa mère pour y trouver sa propre image et surtout qu'elle le trouve et lui dise qu'il est beau. Narcisse cherche dans l'eau ce qu'il n'a pas trouvé dans le regard de sa mère.

Mais que serait Narcisse sans son miroir ? Et n'est-ce pas « un miroir sans éclat [qui] lui montre une surface où ne se reflète rien » ? Narcisse a besoin de se « voir » pour « y croire » vraiment et s'approvisionner en contentement de soi. Il est donc obligé d'aborder le monde entier à travers une demande narcissique, afin de trouver confirmation de sa qualité d'être supérieur et admirable. Il est impossible d'être meilleur par rapport à... rien ! Il lui est nécessaire d'avoir à sa disposition tantôt un faire-valoir, tantôt un repoussoir qui le mettra en valeur, lui.

Le pervers narcissique va donc à la recherche de ce miroir humain. Et, pour capturer, puis tenter de garder et d'extraire de l'objet choisi la substance requise, l'assujettissement va s'avérer incontournable. Par quel moyen obtenir tant de disponibilité à se faire dévorer, de la part d'une personne initialement pleine d'énergie car, cela va de soi, on ne vole pas une caisse vide ? Le froid calcul, les intentions cachées, la manipulation, le mensonge et la violence, bref, la perversion narcissique.

Nathalie a toujours été surprise par les longs moments que Jacques passait dans la salle de bains, pas forcément pour se laver, mais pour se... regarder. De même, de nombreuses photos de lui ornaient son intérieur. Il s'aime et il prend soin de lui ; c'est rare chez un homme ; quel raffinement, pensait-elle, au début de leur relation...
« Il est également très attentif à mon aspect physique, en plus du sien. Mais, selon que nous sommes fâchés ou pas, ses appréciations changent du tout au tout. J'ai remarqué que lorsqu'il traverse une période où il est gentil avec moi, en général pour se faire pardonner de m'avoir un peu malmenée avec les injures subites dont il a l'habitude, il me fait des compliments, me dit que je suis jolie, etc. Mais la plupart du temps, il ne laisse rien passer et souligne le moindre défaut dans mon physique ou ma tenue vestimentaire. Il ne s'agit pas toujours d'attaques directes, bien qu'il lui arrive de dire : “Regarde comme tu es fagotée !” Ce sont souvent de petites phrases ou fausses questions subtiles : “Cette jupe te serre, non ? Tu n'as pas l'air à l'aise dedans.” Ou alors : “Quelle idée d'avoir choisi cette couleur, ça ne te va pas du tout. Tu n'as pas beaucoup de goût, décidément.” Maintenant, je remarque ces réflexions sournoises. Chacune d'entre elles est anodine et, si je réagis mal en présence de tiers, les gens me prennent pour une hystérique. Mais c'est vraiment pesant et difficile de supporter ces phrases quand elles reviennent tout le temps, sans arrêt, encore et encore... À la fin de la journée, le vase déborde. Je me sens pleine de haine. Avant, c'était pire : au lieu de détester Jacques quand il se conduisait de cette façon, je me sentais coupable, moi. Je me disais qu'il avait raison, que j'étais vraiment nulle. D'ailleurs, je peux l'avouer : je crois qu'il est pour quelque chose dans le fait que j'aie perdu mon poste... Je n'ai pas de preuves, ce n'est qu'une suspicion, mais elle grandit de plus en plus. Si c'était le cas, ce serait vraiment monstrueux : il aurait manigancé pour me faire perdre mon emploi ! »

Son mode d'application : l'assujettissement pervers

Il est à noter que le pervers narcissique vise plus à détruire qu'à emmagasiner ce qui lui manque et qui vous appartient : s'il devait s'en trouver soudain acquéreur, il ne saurait probablement pas quoi en faire. Sa recherche est anachronique puisque la bienveillance qu'il n'a pas trouvée dans le regard et les soins maternels manqueront à jamais. La substance qu'il prend à l'autre ne peut pas lui suffire parce qu'elle est « digérée » dès qu'elle est ingérée et qu'il n'en reste rien. Cela explique la surenchère et la répétition incessante des démarches du pervers narcissique. Son besoin d'être nourri par l'autre se renouvelle continuellement, car il est affecté de ce que l'on peut appeler une « hémorragie narcissique » permanente. Apparemment sûr de lui, il a en fait la nécessité d'être à tout instant « réapprovisionné » en estime et en image valorisante de lui-même.

> Nathalie se souvient des demandes de Jacques qu'elle avait, sur le moment, prises comme des plaisanteries ; il lui demandait sans cesse si elle aimait ses muscles, sa bouche, son corps. Elle le trouvait magnifique et le lui disait, mais il insistait, puis semblait rassuré. Il est si séduisant, quel homme ! pensait-elle.

On l'aura compris, dans l'assujettissement, c'est-à-dire pour mettre une personne sous sa domination, sous son emprise, toutes les manœuvres sont utilisées. Paraître le plus beau, le plus fort, le plus brillant… Mais surtout, user de toutes les manipulations possibles, de la dévalorisation à l'isolement, la mise en dépendance, etc. Rien ne sera épargné à la compagne du pervers narcissique.

À prononcer le mot « pervers », il vient à l'esprit un autre terme : « tordu ». Il est, oui, pour le moins tortueux, cet être vide, orgueilleux, qui sait tirer les ficelles de la relation sans que l'autre ne s'aperçoive de rien avant des mois, voire des années. Sa perversion s'exprime dans le machiavélisme avec lequel il agit, pour atteindre ses buts. Il s'arrange non seulement pour que le lien de dépendance de l'autre à son égard soit total et apparaisse irremplaçable, mais il arrive aussi à faire croire à sa partenaire que c'est d'elle que vient cette demande. « Heureusement que je suis là ! », « Laisse-moi faire, tu n'y connais rien. » Il instaure une relation de dépendance qu'il induit et que sa partenaire ne recherchait pas consciemment.

Son art consiste principalement à savoir obtenir énormément, sans avoir l'air d'y toucher : il critique, mais ment aussi, en se contentant souvent de falsifier la vérité, ce qui rend beaucoup plus contestable le mensonge, etc.

Pour couronner le tout, le pervers narcissique est évidemment insensible à la souffrance d'autrui : il ne peut, dans de telles circonstances, se payer le luxe d'avoir un affect (ce qui lui est impossible : pas d'empathie, pas de compassion) ! Il s'affiche cependant comme le bon Samaritain du lot : « Je fais tout pour toi, et comment me récompenses-tu ? Par des jérémiades et des lamentations ! » Car, n'en doutez point, l'estocade sera portée par le biais du reproche, surtout si sa compagne s'avise de vouloir se soustraire à ses griffes avant que lui-même ne l'ait décidé, c'est-à-dire lorsqu'elle se révèle désormais hors d'usage, vidée à son tour.

Il ne faut pas diaboliser le pervers narcissique, car il ne s'agit pas toujours d'un tueur sanguinaire au sens propre du terme... Mais il assassine quand même beaucoup au sens figuré ! Pour sortir d'une telle relation (y rester signifierait souffrir à l'infini), la femme n'a d'autre ressource que de chercher des appuis à l'extérieur.

« Depuis que j'ai commencé cette thérapie – en cachette de lui, bien entendu – je m'aperçois de bien des choses, j'en prends conscience. Avant, j'étais très déprimée, je me "traînais" littéralement, surtout dans les derniers mois. Je n'avais plus du tout d'énergie, de ressort. Je me sentais inutile, médiocre. Maintenant, je ressens de la colère. Le problème est que je ne sais pas quoi faire de cette colère, car j'avoue avoir encore peur de Jacques… Je ne sais pas ce qu'il ferait si je tentais de le quitter… Et puis, par moments, je pense que je l'aime toujours… Je suis dans une période de flottement difficile, complexe. Mais ce qui me semble positif, c'est que désormais, depuis quelques semaines en tout cas, je me pose une question précise, presque constamment : comment ne plus souffrir ? Et j'ai envie d'y trouver une réponse. Alors, je me dis que j'y arriverai. »

6

L'artiste et sa marionnette

Sur cette scène de théâtre qu'est la vie, le pervers narcissique se meut avec aisance, sûr de son fait. Il n'a pas grand-chose à perdre et tout à gagner. Il est habité par son personnage, il se déploie avec brio. Affable et séducteur, tout à vous... soudain absent, il crée un manque, vous attachant à lui. Tantôt jovial, serviable, tantôt revêche, agressif.

Le geste ultime, c'est le rejet de la partenaire, vidée de toute énergie et surtout, des qualités qui avaient attiré le pervers narcissique : la gaieté, l'optimisme généreux et... la capacité qu'elle avait à l'aimer, *lui*.

Les phases de l'entreprise

Séduction, invasion, destruction sont les trois campagnes successives que mène le pervers narcissique.

La phase de séduction est un petit chef-d'œuvre en soi. Pas une bavure ; un travail d'artiste... provenant d'un homme charmant, aux manières exquises. Il s'agit en l'occurrence de retenir l'attention d'une femme. L'un des buts du manipulateur narcissique est d'anesthésier sa cible en la fascinant. C'est le serpent qui siffle doucement : « Aie confiance... » Extérieurement, il semble très chaleureux. De toute évidence, lorsqu'on cherche à séduire, on essaie de montrer les meilleurs côtés de soi, de se mettre en valeur. Le fait de vouloir séduire n'est aucunement une faute. Ce qui caractérise le pervers narcissique, c'est que dès la phase de séduction – et toute histoire d'amour en a une – il ment : l'enjeu n'est pas de s'offrir sous son meilleur jour, mais de présenter une image factice de lui. Il a « une autre idée derrière la tête », il joue un rôle, calcule et anticipe – déjà – les résultats qu'il va obtenir, tout en éprouvant un certain mépris pour sa victime. Il ne ressent rien d'autre, lui ; il ne se sent pas vulnérable, comme on l'est normalement quand on tente de plaire. Sa vraie personnalité apparaîtra plus tard : ce changement de comportement est aussi caractéristique d'un tel sujet.

Tout de suite, dès la première rencontre et au moment où il décide d'accaparer cette cible, le manipulateur pervers est sûr de pouvoir y parvenir, car il ne s'arrêterait pas à une femme dépourvue de la faille dont il a besoin.

La séduction équivaut-elle toujours à une manipulation ? Non ! Mais cela laisse (pour le plus faible des deux) la porte ouverte à une éventuelle manipulation.

Jeanne, étudiante en histoire de l'art, avait rencontré Alain dans une soirée chez des amis. Il lui avait été présenté comme le célibataire en or... 34 ans, professeur d'anglais à l'université, jamais marié, pas d'enfant, sportif... Pendant le dîner, il s'était montré très cordial, sans excès. Avec beaucoup d'humour, il avait raconté ses années de collège. Jeanne l'avait trouvé très séduisant, elle avait adoré son regard profond, intense. Il avait parlé d'un cheval lui appartenant. Le cheval s'appelait Isahi ; Alain l'avait décrit en détaillant sa beauté, son allure majestueuse, son tempérament fougueux. Son récit envoûtait la jeune femme. La soirée s'était achevée doucement ; Jeanne rêvait déjà...

Le pervers narcissique doit parvenir à obtenir l'admiration de la femme. Ainsi, elle se sentira valorisée, honorée qu'un tel homme s'intéresse à elle. C'est à travers cette admiration qu'elle va « s'emparer » de l'exigence qu'il a à son égard : elle ne veut pas décevoir un homme qu'elle admire.

Alain avait raccompagné Jeanne jusque devant la porte de son immeuble. Elle n'avait pas osé lui demander de monter, de peur de paraître téméraire, trop hardie pour un premier soir. Il n'avait pas non plus demandé le numéro de téléphone de la jeune femme. Elle dira plus tard, en consultation : « Je l'avais trouvé vraiment touchant, avec un tel respect pour moi, à ne pas poursuivre la soirée dans une plus grande intimité ! »

Nous voyons ici que, déjà, la femme interprète positivement tout événement. Elle valorise la déception : il n'est pas monté chez moi, ne m'a même pas embrassée, quelle délicatesse ! Elle est, dès ces instants, en miroir avec lui, elle transforme, convertit les faits à travers le prisme d'une interprétation bienveillante.

Le lendemain, elle avait téléphoné à son amie Sandrine, chez qui s'était déroulé le dîner. « J'ai dit à Sandrine : "Il est merveilleux..." Elle a répondu : "Je crois bien que oui !" » Ce regard social positif, venant des autres, cet élan approbateur et encourageant, avaient conforté Jeanne dans son jugement : l'opportunité d'une belle histoire semblait se présenter à elle... Plusieurs jours après, alors qu'elle attendait en vain une occasion ou un prétexte pour revoir Alain, elle s'était risquée à demander son numéro à Sandrine. Alain avait accueilli le coup de fil de Jeanne avec beaucoup d'enthousiasme : « Tu as bien fait de me contacter, je l'aurais fait moi aussi, mais j'ai eu beaucoup de travail ces jours-ci, tu sais. Je prépare un séminaire. » Jeanne avait pensé : « Comme il est brillant, et si généreux, alors qu'il est sans doute débordé. » Jeanne et Alain s'étaient revus, avaient entamé une relation. Dès les premiers jours, il lui avait parlé de son enfance difficile.

Le manipulateur narcissique, fort de son succès préliminaire, cherche aussi très vite à susciter la compassion : son objectif est également qu'elle ait « envie » de l'aimer, de s'occuper de lui. Il aura donc à cœur de se montrer « humain », avec une petite vulnérabilité (artificielle)... juste assez pour attendrir et provoquer l'élan compassionnel qui sied à tant de femmes. Il voudra solliciter le côté maternel qu'ont beaucoup d'entre elles. Lorsqu'il parle de son enfance malheureuse, il dit probablement des choses vraies, mais sans affect. Il se sert de son histoire comme d'une arme de séduction.

« J'ai souffert, et ensuite, les femmes ne m'ont jamais assez aimé. Je suis sûr que toi, tu ne me décevras pas », dira Alain. Pour pouvoir dire, plus tard dans la relation : « Tu m'as déçu... »

Face à ces déclarations, la femme pense : « Je dois, moi, le rendre heureux. » C'est ainsi que le pervers narcissique amène son interlocutrice à vouloir relever un défi. Il place d'emblée la barre très haut. Il a un niveau d'exigence élevé, qu'elle a envie d'atteindre, alors qu'objectivement ce qu'il lui demande est déjà trop. Concernant le physique de sa compagne, par exemple. Et elle aura envie de corriger son apparence pour le contenter : changer la couleur ou la coupe de ses cheveux, voire plus. Il suggère et, aussitôt, elle exige d'elle-même, pour « être à la hauteur ». En effet, devant le thérapeute, Jeanne dira un jour : « Je voulais le mériter, être digne de lui. Il est très beau. Je devais être celle qui se différencierait des autres, la seule, l'unique. »

Par la suite, la femme a en général beaucoup de mal à se défaire de cette exigence, puisque cette dernière vient d'elle, une fois induite par lui. Ces empiétements sur le libre arbitre, les choix et points de vue annoncent l'étape suivante, celle de l'envahissement, de l'invasion.

La phase d'invasion est une phase de prise de possession, d'occupation. L'homme se rend progressivement indispensable ; une relation se « noue », par le biais de multiples points d'ancrage, d'ordre économique parfois, mais surtout affectif.

Pour que sa tactique fonctionne, le pervers narcissique doit la mener sur un double front : l'envahissement de la vie et de l'individualité de sa victime ne peut s'avérer efficace que si dans le même temps il fragilise cette dernière. Une personne en pleine possession de ses moyens risquerait d'opposer une résistance ; sa capacité de réflexion personnelle l'amènerait peut-être à voir clair dans les intentions du partenaire. Il ne suffit donc pas de s'insinuer en s'installant dans la vie de l'autre, il faut aussi confiner.

Pour ce faire, la critique est l'instrument tout désigné. D'abord voilée, mesurée, elle s'exerce à la fois à l'égard de la victime elle-même, pour qu'elle commence à douter de ses capacités et de sa valeur, mais aussi à l'égard de certains proches, afin de l'isoler.

La vie commune marque en général le début de cet enfermement. Instinctivement, le pervers narcissique sait « choisir » les personnes de l'entourage qu'il lui convient d'éloigner, et celles qu'il a, au contraire, tout avantage à séduire pour les mettre de son côté. Les ami(e)s les plus influents, ceux qui ont un caractère fort, et donc une capacité de jugement supérieure, seront les premiers à pâtir des critiques du pervers narcissique. La victime sera parfois « obligée » de couper les ponts avec ces fréquentations. « Untel est nul et vulgaire », « Franchement, tu vaux mieux que ça », « À mon avis, elle n'est pas franche, elle t'envie. » Ces remarques peuvent aller jusqu'à la menace pure et simple : « C'est elle ou moi, tu choisis. »

D'autres proches, en revanche, feront l'objet d'une opération de séduction menée avec patience et application. Le manipulateur sera ainsi considéré comme l'homme idéal, alors que dans le secret des murs domestiques il se montre tyrannique

Qu'il s'agisse d'écarter la victime de certains proches et parents, ou d'en mettre d'autres dans sa poche, le résultat reste inchangé : la victime est seule, soit parce qu'elle ne voit plus personne, soit parce que les autres ne la comprennent pas lorsqu'elle ose se plaindre, puisqu'ils sont devenus des « inconditionnels » de son compagnon.

> « Comment ? Alain ? Il est charmant ! Que viens-tu raconter là ? »
> « Je me souviens bien de ces premiers mois où nous vivions ensemble. Le bail de mon studio arrivait à son terme ; Alain m'avait convaincue de quitter ce petit logement et d'aller vivre chez lui. Le lendemain de mon arrivée définitive, j'ai eu la première déception. Il m'a demandé de laisser tous mes livres chez mes parents parce que – disait-il – la place manquait dans sa bibliothèque et qu'il "n'aimait pas les rayonnages encombrés". Il avait ajouté que, de toute façon, je n'avais pas besoin de consulter tout ça en permanence... J'ai gardé le minimum nécessaire pour mes cours, et j'ai mis les autres ouvrages dans un carton. »

En entendant ces mots, le thérapeute ne peut s'empêcher de penser que c'est elle-même, sa personne tout entière, sa richesse intérieure que Jeanne avait commencé à mettre dans un carton ce jour-là par ce geste emblématique. Le manipulateur narcissique cherche à appauvrir sa compagne. Il l'isole, non seulement de son entourage affectif, mais aussi de ses repères. Il l'éloigne de ce qu'elle aime et de ceux qui l'aiment. Il l'éloigne d'elle-même.

> « Tout au long des semaines suivantes, je l'ai vu changer imperceptiblement. Je m'en rends compte maintenant. Il était surtout très différent quand nous étions seuls. Distant, moins souriant, rarement tendre. »

Jeanne rajuste une mèche de cheveux derrière son oreille ; elle fait penser à une petite fille appliquée. Elle essaie de bien faire. Mais le soin et l'application ne sont pas toujours couronnés de succès, surtout face à la mauvaise foi.

« Quand on allait chez mes parents, par contre, il donnait l'impression de reprendre vie. Lui qui ne m'aidait jamais à la maison, il devenait serviable, prévenant. S'il manquait quelque chose à table, il se proposait d'aller le chercher dans la cuisine. "Ne vous dérangez pas", disait-il à ma mère. Il posait le bras sur le dossier de ma chaise, me faisait un baiser dans le cou. Mes parents le trouvaient génial. »
Elle baisse la tête, et continue son récit : « Moi, j'étais mal à l'aise. Devant ma famille, il parlait beaucoup de son travail ; il expliquait combien ça l'occupait. Et il ajoutait : "Mais au moins, comme ça Jeanne peut terminer ses études tranquillement." »

Le manipulateur pervers aime faire croire qu'il se sacrifie pour sa victime. Cela lui permettra, dans un deuxième temps, à la fois d'obtenir un consensus à son égard et de faire passer l'autre pour une ingrate.

« Ce qui était bizarre, c'est que parfois il disait le contraire quand nous étions seuls. Il avait plutôt tendance à ne pas m'encourager, surtout dans mes études. Je me disais qu'il en avait peut-être tout simplement assez, par moments, de devoir payer tous les frais du ménage. Mes parents nous aidaient un peu financièrement, mais il se plaignait que nous dépensions trop. Je me sentais coupable d'être encore étudiante. Du coup, j'évitais les achats inutiles, je sortais moins avec mes amies. D'ailleurs, il les critiquait toutes, Sandrine en premier, alors que nous nous étions rencontrés chez elle. Je passais mon temps aux cours et à préparer mes examens, pour "au moins" ne pas les rater. En rentrant le soir, il jetait un coup d'œil sur le bureau et me demandait tout de suite si j'avais fait les courses, parce que "l'histoire de l'art, c'est pas ça qui va nous nourrir...". Il disait aussi que si j'avais besoin de me pencher autant sur les devoirs et les bouquins pour réussir, c'est que je n'étais pas faite pour les études. »

Jeanne, en effet, a fini par abandonner ses cours durant le deuxième semestre de licence.

La phase de destruction commence avec la souffrance consciente de la part de la victime. Le bel idéal a disparu. Le pervers narcissique révèle les aspects négatifs de sa personnalité. Il devient jaloux ou violent, à la fois plus distant et plus exigeant. La victime se trouve vidée de son énergie – et donc de sa substance – de par son inutile et épuisante tentative de contenter son partenaire. Les accusations qu'il porte souvent envers elle la terrassent. Elle doute de tout, d'elle-même, en premier : il est parvenu à la convaincre qu'elle ne valait pas grand-chose, après tout. Elle est donc non seulement méprisable, mais aussi coupable de l'être ! Sa partenaire étant déprimée, elle se trouve entièrement à la merci du pervers narcissique qui va pouvoir la détruire à petit feu.

Jeanne est plus tendue, durant cette partie de son récit. En parlant, elle replonge dans une période difficile de son passé. Crispée, elle triture son foulard, le lisse, puis l'ouvre, le regarde, le remet en boule, fait un nœud, puis un autre… tourne et retourne le petit carré de soie comme elle a dû, à cette époque, tourner et retourner la situation dans son esprit, pour tenter de la comprendre et d'y remédier. « Je ne savais plus quoi penser, parce qu'il était parfois très gentil, surtout après les scènes violentes. Il voulait se faire pardonner et moi… je pardonnais. Ce n'était pas de la violence physique ; il ne m'a jamais battue, mais il m'agressait soudain, me lançait de terribles injures, en m'accusant d'être une traînée, une moins-que-rien, parce que j'avais bu un café avec une amie… »

La violence physique, les coups, ne font pas toujours partie de la panoplie du manipulateur narcissique, en effet. Sa violence verbale est telle qu'elle peut largement suffire à ronger la partenaire. L'alternance de la douceur et de l'agressivité est une caractéristique de ce genre de relation. C'est ce va-et-vient continuel entre positif et négatif qui, en premier, déstabilise la victime. Elle est obligée de suivre un mouvement oscillatoire fort. Au bout du compte, la tête lui tourne, au sens propre comme au figuré : elle ne sait plus à quoi s'en tenir, elle hésite à juger sévèrement, puis hésite à pardonner, puis pardonne, se disant que ça ne se reproduira plus, qu'il changera, que ce n'est pas si grave…

> « J'ai souvent pensé qu'il était capable de faire des efforts, de modifier sa conduite. Je n'envisageais pas du tout de remettre en cause notre couple. Mais, même pendant les périodes de calme, au fil du temps j'ai remarqué que, malgré des compliments parfois abondants – et apparemment sincères –, il avait le réflexe de me rabaisser très souvent, au quotidien. D'après lui, je faisais tout mal. Et il concluait aussitôt : tu es paresseuse. Il voulait dire en somme que je ne m'appliquais pas. Alain est extrêmement exigeant, pointilleux ; tout doit être parfait. »

Ce type d'homme exige beaucoup : il faut se montrer au niveau ; il sait pointer du doigt la moindre imperfection. L'humiliation, parfois l'intimidation et les menaces font partie de son arsenal habituel. Il fait constamment des remarques sur le physique, les goûts, les choix, la sexualité, les capacités, les amies, le travail. Abreuvée de considérations négatives, la femme finit par vraiment douter d'elle-même car s'il existe, au sein d'une relation normale et saine, des critiques constructives, destinées à stimuler, à porter l'autre à s'améliorer, le pervers narcissique ne manie, lui, que la critique destructrice, brute et sans perspective. Les encouragements ne rentrent pas dans son discours. Et lorsque sa partenaire lui résiste, les sanctions tombent immédiatement : silence, mépris, absence, insultes.

> « Alain n'aimait pas discuter de lui et des mots qu'il avait prononcés ; il détestait que je lui rappelle les injures, les paroles

blessantes qu'il avait eues à mon égard. Quand il avait tort, il minimisait toujours. Il trouvait que ce n'était pas grave de me traiter de putain… que je n'avais pas à en faire toute une histoire. On pouvait oublier ça, disait-il ; mais en moi, cela s'accumulait, jusqu'à devenir intolérable. »

Les insultes et la maltraitance verbale ont un rôle majeur. Il s'agit d'une arme puissante qui terrasse l'autre et le laisse sans voix. Que dire devant l'absurdité ? Il n'y a pas d'arguments, pas de défense possible. Lorsque ces scènes terribles surviennent devant les enfants, quand il y en a, elles enclenchent un processus destructeur sur toute la famille. La femme se défend comme elle peut, souvent maladroitement. Elle se débat, tente vainement de réagir. Dans d'autres cas, elle a peur, se résigne, en attendant que « ça passe ». Dans tous les cas, elle est peu à peu détruite : elle se désagrège, perd ses moyens, son assurance. Elle peut être amenée à s'interdire toute activité personnelle afin de se conformer à la volonté de l'autre, et aussi pour éviter de provoquer des scènes de ménage.

« Quand j'ai arrêté l'université, j'ai d'abord été soulagée : je pouvais enfin me consacrer au foyer, être présente et plus efficace. Alain me demandait de temps en temps de l'aider à corriger des copies. Comme je parle assez bien l'anglais, puisque ma mère est originaire de Manchester, pour moi c'était agréable. Plus tard, j'ai compris que j'avais commis une erreur, que l'abandon de mes études avait marqué le début d'une sorte d'esclavage. Par ailleurs, nos relations se détérioraient. Au lit, Alain devenait brusque, il voulait me faire faire des choses que je n'aimais pas ; il me demandait des fellations, alors que je déteste ça… D'après lui, je n'étais pas assez libérée. Il disait souvent : "Je ferais mieux de m'en chercher une autre ; je te trouve un peu gourde, avec tes réticences." D'autres fois, il était plus calme, plus conciliant, me traitait comme une brave petite. Dans ces moments-là, je me sentais apaisée. Je croyais avoir acquis définitivement sa tendresse… J'avais

> quand même peur qu'il prenne une maîtresse plus jolie, plus habile et plus délurée que moi, plus intelligente, plus brillante. »

Le manipulateur narcissique aime faire remarquer à sa victime qu'elle n'est pas la seule partenaire possible, qu'il pourrait trouver mieux ailleurs. Cela provoque évidemment l'angoisse de la femme : il la met sous tension. Il joue donc avec son objet comme avec une marionnette, puisqu'il induit des pensées, des réactions.

Cette période destructrice peut s'étaler sur de longs mois, voire des années, alors que la femme perd progressivement de sa substance. Certains disent qu'elle « rétrécit comme une peau de chagrin », et c'est tout à fait vrai. On assiste réellement à un amenuisement de la personne.

La sexualité avec un pervers narcissique

À l'image du reste, la sexualité du pervers narcissique est celle d'un « performeur ». Il a besoin qu'on l'idéalise et, du moins dans un premier temps, il s'arrange pour « leur faire aimer ça »... Beaucoup de celles qui ont vécu auprès d'un tel homme déclarent avoir découvert des aspects de leur sexualité, et donc d'elles-mêmes, qui leur étaient inconnus jusqu'alors. Plus tard, elles s'aperçoivent d'une violence sous-jacente, jusqu'à devoir affronter parfois une véritable contrainte sexuelle.

L'emprise des sens

Étant principalement attaché à l'image que sa partenaire lui renvoie de lui-même, le pervers narcissique a d'abord pour unique objectif d'entendre sa femme déclarer qu'avec lui le sexe est un immense plaisir. Mais s'il parvient à lui faire atteindre l'orgasme pendant l'acte sexuel, ce n'est que pour sa satisfaction personnelle, son propre narcissisme, pour pouvoir penser : « Je suis capable de la faire jouir à ce point. » En somme, le plaisir de la partenaire n'est pas du tout pris en considération par le pervers narcissique, bien qu'il y tienne énormément afin de s'enorgueillir de l'exploit. Bien sûr, il ne l'avouera jamais ; ce qui compte pour lui, c'est de tirer de tout contact avec sa compagne le plus de satisfaction narcissique possible.

> « La première fois où nous avons été nus l'un devant l'autre, j'étais intimidée, comme si c'était pour moi la première fois que j'approchais un homme, mais j'ai surtout été stupéfaite de constater qu'Alain était entièrement épilé, sur tout le corps, sexe y compris. Une fois passé cet instant de surprise, tout s'est parfaitement déroulé. Il a très bien su s'y prendre.
> Au départ, c'était merveilleux lorsque nous faisions l'amour (alors que plus tard, au bout de plusieurs mois, je n'ai plus eu l'impression de faire l'amour mais bien d'être "baisée"). Les premiers mois, nos rapports duraient longtemps ; Alain était très résistant, il me procurait beaucoup de plaisir. Presque toujours, nous recommencions au moins une fois, aussitôt après. J'étais comme entraînée dans un tourbillon sensuel. Cela m'enchantait au sens propre du terme : je vivais un enchantement. Puis il m'a fait découvrir des choses dont je n'aurais jamais pensé qu'elles pouvaient me plaire… »

Là où je t'emmènerai

Le pervers narcissique mettra un point d'honneur à ce que sa partenaire « dépasse » ses limites sur le plan sexuel. Il l'amènera à des pratiques nouvelles pour elle, qu'elle considérera comme des variantes attrayantes d'une sexualité épanouie et « normale ». Dans la plupart des cas, elle aura simplement eu l'illusion qu'elle les aimait, parce que cela faisait partie de la relation avec le manipulateur. Les accepter signifiait l'accepter lui, l'accueillir et, surtout, trouver avec lui une complicité, tâche difficile...

« Grâce à Alain, j'ai appris à connaître mon corps et à apprécier toutes les possibilités d'un échange physique à deux. Mais, par exemple, il me demandait aussi des choses que je n'aimais pas, comme la fellation, pratique à laquelle je n'ai jamais réussi à m'habituer. Il insistait, je me sentais bête de refuser... alors je le faisais quand même... »

Hard-corps

« Puis, progressivement, nos rapports sexuels ont changé. Ils duraient moins longtemps, étaient moins satisfaisants pour moi. Alain voulait toujours la même position ; il y avait comme une procédure à respecter, un protocole. Ce n'était pas varié. Il se montrait plus brusque, à la limite de la violence. Il m'arrivait d'avoir peur. D'ailleurs, une anecdote me revient en mémoire : la première fois où je suis allée chez lui, au début de notre relation, j'avais remarqué un tableau accroché dans l'entrée de son appartement qui représentait un dragon, gueule ouverte, ses pattes brassant l'air toutes griffes dehors, avec un regard menaçant et magnétique... Eh bien, l'une des dernières fois où nous avons eu un rapport sexuel, j'ai soudain repensé au tableau et, en croisant le regard d'Alain, j'ai eu l'impression d'avoir ce dragon devant moi... Je me suis dit qu'il allait me dévorer, m'anéantir dans son feu intérieur. Ses yeux avaient cette expression fixe, à la fois absente et cruelle, comme dans le tableau... J'étais épouvantée ; j'ai compris ce jour-là que quelque chose n'allait pas dans notre relation, que je courais un risque. »

Nous l'avons vu, ces différents types de sexualité (plaisir intense, découverte de nouvelles pratiques ou violence imposée) peuvent soit constituer des variantes que chaque pervers narcissique mettra en scène, soit suivre un crescendo : avec le même homme manipulateur, la femme passera du plaisir à la découverte, jusqu'à la contrainte et/ou à la violence.

S'il est vrai que la frontière est mince entre ce qui est « normal » en matière de sexualité et ce que d'aucuns désigneraient de pervers, la répétition systématique d'un geste ou d'une position, ainsi que la violence obligée, sont des éléments de perversion. Enfin, le pervers narcissique révèle sa partenaire à elle-même, lui ouvre de nouveaux horizons sensuels, mais vient un jour où cela est « trop » : trop poussé, trop violent, trop imposé, trop uniquement performant.

Que trouver de positif dans cette relation ?

Après ce que nous venons de décrire, il semble difficile d'affirmer que quoi que ce soit de positif puisse se dégager d'une telle relation. Au début, la femme peut y trouver son compte, par exemple sur le plan sexuel puisque le grand amateur de performances qu'est le manipulateur narcissique sait généralement l'emmener au septième ciel (l'enfer sera pour plus tard). Elle peut donc accéder avec lui à un épanouissement sexuel faisant effet de mirage sur la relation, avec l'impression que, vraiment, « tout va bien », puisqu'une telle entente s'établit dans l'intimité. Au début, la femme « pardonne » beaucoup à son compagnon manipulateur, notamment au nom de cette découverte sensuelle.

De plus, le pervers narcissique est en général un homme intelligent (les autres tapent directement… sans prendre le « soin » d'exercer d'abord une violence uniquement psychologique). Cela lui confère un lustre « naturel » auquel la femme est sensible. Il est presque toujours perçu comme très original, audacieux par moments. Il donne la sensation d'être un homme libre : il ne respecte pas toutes les règles, il les dépasse, il est sûr de lui.

D'autre part, le pervers narcissique est souvent un hyperactif : il agit, il « fait ». Dans le cadre de la vie quotidienne, cela peut s'avérer appréciable. Il reste rarement inoccupé (et ne se prive pas de souligner cette qualité...). Ainsi donne-t-il l'impression qu'il saura « mener la barque » du ménage, ce qui procure un sentiment de sécurité à la femme... qui n'a pas conscience que la barque du pervers narcissique n'appartient qu'à lui, et qu'il la mènera de la même façon, quelle que soit sa partenaire, cette dernière n'étant qu'une annexe à son embarcation personnelle.

Enfin, au début de la relation, principalement lors de la phase de séduction, la femme se sent valorisée. Le regard magnétique et charmeur du pervers narcissique fascine, ses mots flattent. Il sait donner à la femme l'impression qu'elle est unique. Ces avantages ne sont cependant qu'illusion. Insidieusement, mais assez rapidement toutefois, s'installe la vraie personnalité du pervers narcissique qu'il dévoile peu à peu. Si, au départ, sa partenaire se sentait privilégiée d'accéder à une telle relation, elle commence à souffrir, d'abord par petites « touches » quotidiennes, puis constamment.

Ce n'est donc qu'après une thérapie adéquate que la femme peut établir un bilan de cette expérience et en retirer des éléments positifs, car la grande détresse vécue, alliée à la réflexion nécessaire qui s'ensuit pour survivre à l'impact laissé par ce type d'homme, amène la « victime » à se pencher sur sa personnalité profonde et à la remettre « en marche », à réactiver son potentiel, voire à l'étendre. Le pervers narcissique ayant besoin d'une substance « de bonne qualité », il aura pris soin d'élire une femme intérieurement riche. Avec la thérapie, cette dernière retrouvera sa matière initiale, accrue, cette fois, des enseignements issus autant de l'expérience que de l'introspection analytique.

Avait-elle un profil particulier, des caractéristiques définies, pour s'exposer à un tel destin ? Pourquoi et comment s'est-elle laissé envahir ainsi ?

Profil de la femme susceptible d'incarner la victime

L'intitulé amène d'emblée à se poser la question : victime de qui ? De l'autre ou d'elle-même ? De l'autre, sans aucun doute, mais des caractéristiques sont nécessaires pour devenir victime – certains vont jusqu'à dire complice – d'un pervers narcissique.

Dans la dyade mère-nourrisson n'existe que l'intensité du plein où rien ne manque. Si la mère est défaillante, tout manque et c'est le vide. À l'intérieur de cette relation précoce, il n'y a pas de limite entre la mère et l'enfant, qui considère le corps de sa mère comme le prolongement du sien (c'est aussi vrai pour la mère, qui vit la relation dans la fusion). Cela signifie que si la mère n'est pas « présente », c'est, pour l'enfant, une partie de lui-même qui vient à manquer, une amputation. En conséquence, une mère absente, dépressive (c'est une forme d'absence) ou trop occupée « ailleurs », qui abandonne son enfant pour faire autre chose de « plus important », risque de provoquer cet « arrachement » que les psychanalystes anglo-saxons ont théorisé et, en retour, un « agrippement ». Plus la séparation est menaçante, plus l'agrippement est intense ; et plus il est intense, plus le manque est intolérable. Cette attente permanente, cette souffrance vont créer un modèle relationnel affectif. Chez les adultes que ces enfants deviennent, nous retrouvons une fragilité des limites, voire une absence de limites entre soi et l'autre dans les relations affectives. À la moindre distance posée par l'autre, ce vécu d'abandon est ressenti, cet arrachement et, surtout, cette souffrance. Ainsi, la dépendance sera au cœur de la relation : il vaudra mieux la souffrance que rien du tout [1] !

On peut, en ce sens, affirmer que le pervers narcissique et sa partenaire ont en commun une altération narcissique, qu'il existe un parallèle entre eux deux.

« Depuis peu, j'ai compris que j'ai toujours ressenti un vide affectif, sans me l'avouer. Et c'est sans doute pour cette raison que j'ai autant investi ma relation avec Alain, dit Jeanne. Peu après ma naissance, mon père, qui enseignait dans un lycée, a quitté ma mère. Elle est tombée dans une profonde dépression, m'a-t-elle raconté des années plus tard. Elle a même été hospitalisée deux fois, à cette époque. Je crois qu'elle a beaucoup négligé le bébé que j'étais... D'ailleurs, mes grands-parents m'ont prise chez eux pendant presque deux ans. Je ne sais pas exactement ce qui s'est passé. Dans la famille, on ne parle pas de cette période. Je crois que ma mère a fait une tentative de suicide, mais personne n'a jamais voulu le confirmer ; ce sont toujours des réponses évasives, comme si je n'avais pas "droit à la vérité" ou que cela ne me regarde pas, alors que j'ai été concernée, même si j'étais toute petite ! soupire Jeanne. Ensuite, au bout de trois ou quatre ans, mon père est "réapparu". Il venait me chercher à la sortie de l'école et je passais des après-midi avec lui ; j'en garde un souvenir très vague. Puis il a renoué avec ma mère, ils se sont remis ensemble. Je ne me rappelle pas grand-chose de ces années-là, sinon d'une certaine confusion, comme un flottement... »

---

1. Michel Ledoux, « La relation d'absence », *La Nouvelle Revue de psychanalyse*, n° 22, automne 1980.

La dépendance affective est donc une prédisposition de la femme qui se situe en amont de sa relation avec le pervers narcissique. C'est la rencontre qui va révéler chez cette femme une certaine fragilité, quelques traits particuliers qui étaient déjà présents mais avec lesquels elle vivait sans trop de souffrance, en apparence. Elle a une demande initiale, dont le pervers narcissique va s'emparer ; demande d'une relation qui aide à se structurer, à trouver confiance en soi, à tenter de compenser un narcissisme défaillant, à combler un manque à être. Lui perçoit parfaitement la nature de cette attente : c'est sa porte d'entrée dans la relation. Il a besoin de ces paramètres chez l'autre pour en faire sa victime. Il pourra alors compenser son propre vide (ce qui est vain : là où rien ne s'est inscrit, ça ne s'inscrit pas ; c'est sans fin).

À l'inverse, la femme cherche à se voir dans le regard de l'autre pour se sentir exister ; elle cherche à se transformer en l'objet de son désir : « Comment me veut-il ? », comme si le fait d'exister à ses yeux allait l'aider à exister pour elle-même.

Pour Jeanne, c'est bien la relation avec sa mère qui semble avoir déterminé sa fragilité :

> « J'avais 5 ans quand je suis retournée vivre avec mes parents, mais je me demandais toujours si ma mère m'aimait vraiment. J'avais l'impression de l'agacer, d'être de trop. Elle s'énervait quand je l'approchais : "Tu es sans arrêt dans mes pattes !" disait-elle. Mon père, lui, était à la fois présent et absent, absorbé par son travail de prof, retranché dans son bureau à corriger des devoirs. Je crois qu'il n'écoutait ma mère que d'une oreille, et elle déversait sur moi sa nervosité. Pendant des années, à table, dans la rue, partout, j'ai entendu : "Tu vas tomber ; tu n'y arriveras pas ; ce n'est pas faisable..." »

On voit bien ici comment le regard de la mère (mais il peut aussi s'agir du père) influe sur l'image que l'enfant se forge à sa propre encontre. Ce regard, pour le moins, manque de bienveillance. Il ne met pas en valeur. Plus encore, il dévalorise. Le message reçu est : « Je ne suis pas capable d'exister par moi seule. »

Or la parole des parents a un statut de vérité pour l'enfant. « S'ils le disent, c'est que c'est vrai. » Plus tard, cela amènera la femme à croire les flatteries du pervers narcissique, lors de son entreprise de séduction. Et c'est par le biais de cette croyance que se développe la dépendance à l'autre. C'est une véritable addiction, comme une drogue. Il existe un lien inconscient à cet autre, qui aurait la fonction de « réparer ». Mais la femme doute, elle n'a jamais réussi à « rétablir » l'amour de sa mère, à changer le regard que cette dernière avait sur elle et se sent donc impuissante. Cela explique qu'aux côtés du manipulateur narcissique, elle alternera des moments d'espoir (« Je vais le changer ») et des périodes de découragement, de soumission docile (qui équivalent au renoncement). On lui a *appris* à être impuissante…

L'histoire de Jeanne confirme entièrement ce rapport déficient à un parent – la mère, en l'occurrence :

> « Elle me comparait toujours à ma cousine. À l'école, au lycée, quand j'avais une bonne note, 18, on me demandait pourquoi je n'avais pas eu 20. Quand ma cousine avait 15 en maths, maman disait : "Comme elle est brillante !" Je crois que si je lui avais décroché la lune, elle m'aurait demandé les étoiles. »

L'enfant intériorise l'exigence de sa mère en la majorant, essaie d'être parfait et, comme c'est impossible, il se trouve en situation d'échec permanent. C'est une course infinie vers un but jamais atteint, parce que inaccessible.

Et voici que le pervers narcissique va appuyer sur cette supposée indignité, jusqu'à provoquer une douleur insupportable pour la calmer ensuite.

De son côté, la victime déploiera beaucoup d'entrain

pour tenter de « nourrir » cet homme. Ainsi, elle aura souvent au début ce que nous pourrions schématiquement nommer le « syndrome de l'infirmière » : le pervers narcissique tente de donner l'impression qu'il a, lui aussi, une demande d'affection ou un besoin de soutien moral. Il est très habile à susciter la générosité. La femme qu'il a prise comme cible est alors capable de déployer des trésors d'énergie pour « s'occuper » de lui, sans se rendre compte qu'en réalité sa sollicitude répugne à cet homme et qu'elle est inutile : elle ne fera jamais exactement ce qu'il veut, ce ne sera jamais assez, elle commettra toujours des erreurs (c'est le but, d'ailleurs… afin que cela puisse lui être reproché par la suite ! « Tu n'es vraiment bonne à rien ! » Sous-entendu : pas même à me rendre heureux).

> Jeanne parle justement d'Alain en des termes éloquents : « Après les heurts et les disputes, même après avoir subi les pires humiliations, j'avais toujours, toujours, au bout de quelques heures, quelques journées, un sentiment de pitié envers lui. Je voyais en lui un animal blessé, je me souvenais de ce qu'il m'avait raconté sur son enfance, sa solitude… Il se démenait pour que nous ayons un niveau de vie élevé, je constatais qu'il faisait des efforts… enfin… c'est ce qu'il me semblait. J'avais envie d'être heureuse, j'avais envie qu'il le soit. Puis tout reprenait comme d'habitude, c'est-à-dire que nous recommencions un cycle. Il redevenait peu à peu absent, puis méprisant, agressif. »

Dans les deux cas, il y a un manque d'altérité, l'autre n'existe pas pour le pervers narcissique, et lui existe trop pour elle. Elle, n'existe pas pour elle-même et risque l'effondrement narcissique, littéralement possédée qu'elle est par l'autre, censé jouer le rôle de réparateur. Elle en a besoin, elle le magnifie, elle veut se sentir la seule, l'élue. C'est cela qui l'amène à supporter l'insupportable.

Pour la victime se joue l'illusion d'une relation fusionnelle (tout comme dans la relation mère/nourrisson), faire un avec lui, avec pour conséquence la douleur due à l'impossibilité d'atteindre cet objectif, de réaliser ce fantasme.

> « Je me demandais souvent pourquoi je m'acharnais à rester avec lui, alors que je me rendais bien compte que je n'étais pas du tout épanouie, mais plutôt rabougrie, diminuée par cette relation. J'avais un minimum de lucidité, en somme, raconte Jeanne, un sourire amer aux lèvres.
> Le jour où il m'a reproché de ne pas travailler, de vivre à ses crochets, de ne pas avoir eu le courage (il a dit exactement : "Tu n'as pas eu le cran") de continuer mes études alors que c'était lui qui m'avait poussée à les abandonner, je me suis dit qu'il avait raison, mais que je m'étais fait avoir. »

La victime, en effet, n'a rien de masochiste : elle ne cherche pas cette douleur et l'apprécie encore moins ! Elle ne prend aucun plaisir aux discussions acerbes qui se déclenchent si elle ose se rebeller ou contredire son compagnon. Elle a envie d'aider, d'être utile, d'être aimée et appréciée, pas de souffrir ! Elle ne s'aperçoit pas qu'elle sert de simple « extension », de « prothèse narcissique[1] », elle pense avoir le rôle d'une compagne à part entière. Elle ne voit pas qu'elle sert d'objet, elle croit exister aux yeux de l'autre. Elle ne perçoit pas le manque de symétrie de cette relation. En ce sens, elle est dotée d'une certaine ingénuité, bien que l'on ne puisse la lui reprocher, car il est très difficile, surtout au départ, de « diagnostiquer » un pervers narcissique.

Elle n'imagine pas que l'on puisse avoir des intentions si mauvaises, elle n'envisage pas ce qu'est la perversion. Cette forme de candeur se marie avec sa fraîcheur vive, sa générosité. C'est une femme appli-

---

1. F. Geberovich, *Une douleur irrésistible*, InterÉditions, 1984.

quée, intelligente et, même si elle a une estime de soi altérée, elle a nombre de points forts et de qualités : le pervers narcissique ne vise que les femmes qui en valent la peine, des êtres « riches », nourrissants.

Lors de leur rencontre, l'homme s'engouffre dans la brèche. Leur relation n'est possible que par la conjonction de sa pathologie à lui et de sa fragilité à elle, ce qui peut être le fait de bien des personnes. Nous avons tous nos failles…

Nous avons mis en lumière, ici, une fragilité ouvrant la porte à une dépendance (mais pas nécessairement avec un pervers narcissique !). La femme susceptible de succomber à son assaut, dépendante du regard des autres, croit que cet homme va la valoriser. Il existe en elle des traces de dépendance affective qui vont au-delà de sa relation avec le pervers et existaient antérieurement, ou du moins, potentiellement. Par exemple, une femme qui accorde « trop » d'importance à l'amour, qui investit les relations qu'elle vit de façon excessive, qui pense que l'amour résoudra tous ses problèmes et « charge » ainsi toute histoire sentimentale d'un fardeau ; une femme pour qui l'amour est une obsession, qui n'arrive jamais à rompre même lorsqu'une liaison lui fait du mal ou qui éprouve un manque irraisonné de l'autre lorsqu'il est absent, comme si elle était en manque d'une drogue, une femme qui se sent inutile ou « vide » sans l'autre : cette femme est sans aucun doute prédisposée à tomber dans les bras d'un manipulateur pervers. Ainsi, elle doit avoir conscience qu'elle n'est pas seulement victime, mais aussi l'actrice inconsciente de ce qui lui arrive. Cela lui permettra par la suite de mieux mobiliser ses ressources, lors d'une thérapie. La victimisation a priori ne sert pas la cause des femmes en général, ni celle de personne.

Les réactions du pervers narcissique face à la résistance

Orage ou désespoir : le pervers narcissique manifeste un acharnement ou un désintérêt soudain, en s'affichant comme victime, selon les cas de figure.

Dans le cadre de la vie commune et en dehors de toute perspective de séparation, la compagne du manipulateur pervers ne peut guère qu'obtempérer, car si elle tente de s'opposer à lui de façon frontale, si sa rébellion est trop marquée, alors le manipulateur va lui déclarer une guerre sans merci. Sa velléité sera matée, par tous les moyens : chantage, menaces, redoublement d'injures, coups... Ces réactions sont assimilables à la tyrannie d'un état dictatorial : c'est l'obéissance ou les représailles. Le chantage et les menaces peuvent porter sur les enfants, la maison, les biens matériels...

> « Quand il a senti que je lui résistais, quand j'ai commencé à vouloir m'affirmer, à refuser certaines pratiques sexuelles, à revoir mes amies et à sortir avec elles, il a resserré l'étau. Il me donnait des tas de choses à faire pour lui ou pour la maison ; des courses, etc. Il me donnait beaucoup d'ordres : "Fais ci, fais ça... Comment, ce n'est pas encore terminé ?" Il répétait tout le temps que j'étais égoïste ; il a commencé à le dire devant les autres. Un soir où j'étais allée dîner avec Sandrine, il a menacé de me jeter dehors. »

Une demande de divorce (ou de séparation) sur l'initiative du manipulateur lui-même est très mauvais signe pour la victime : cela signifie qu'il en a tiré tout ce qu'il était possible d'en extraire, et la pauvre n'a probablement plus grand-chose à « céder ». Déprimée, abattue, triste, angoissée, fatiguée, voire malade, elle ne sert plus à rien ! Il est temps de la jeter au rebut et de choisir une nouvelle cible, fraîche et alerte...

Cependant, le pervers narcissique ne saurait envisager que la victime soit vue comme telle, aux yeux d'autrui. Tout en la quittant, il va donc s'assurer qu'elle apparaîtra suffisamment coupable. Il peut aller jusqu'à être dans le déni de son « désamour », continuer à dire qu'il « l'aime » (bien grand mot, dans sa bouche), alors qu'il a déjà trouvé une digne remplaçante : « Je t'aime encore, mais ce n'est vraiment plus possible, regarde-toi ! Je suis obligé de te quitter. »

Si le plat suivant attend déjà au chaud (la victime à venir), il peut aussi pousser celle qui occupe encore la place à partir d'elle-même, par exemple en accentuant sa violence.

Si, en revanche, c'est sa compagne qui tente de lui échapper, le pervers narcissique aura souvent un réflexe de rage destructrice : « On va voir qui commande, ici ! » Il est alors capable de cogiter d'invraisemblables manœuvres pour nuire et/ou entamer la crédibilité de cette partenaire fuyante.

Il est, quoi qu'il en soit, hors de question pour lui de passer pour responsable de l'échec du couple. C'est pourquoi les caractéristiques du pervers narcissique émergent souvent de façon paroxystique au moment où sa compagne demande le divorce ou la séparation. Avec son tempérament, qui mêle l'enfant blessé au despote mégalomane, il n'envisage pas la défaite, encore moins la débandade. Il est assez bon comédien pour faire croire à peu près n'importe quoi. La séparation sera donc un moment difficile... pour sa partenaire. Ce type d'homme s'avère d'ailleurs généralement très procédurier, même en dehors du cadre d'un divorce : il assignera la victime dès qu'il pensera être menacé. Encore une fois, l'attaque est la meilleure défense, dit-on. Ou alors, fera-t-il tout pour empêcher sa compagne de lui échapper.

Voici une partie du dialogue entre Jeanne et le thérapeute, lors d'une séance cruciale :
« Quand je lui ai dit que j'allais reprendre mes études, il est entré dans une rage noire. Je lui ai répondu...
– Vous dites "répondre", comme on dit "répondre à ses parents"... Vous n'êtes plus une petite fille...
– C'est vrai. Mais j'ai toujours eu avec lui cette relation de soumission... En tout cas, quand je lui ai dit ça et qu'il a vu que j'étais bien décidée à ne pas l'écouter, cette fois, il m'a attrapée par le bras... Il me l'a cassé.
– Vous disiez qu'il ne vous avait jamais battue...
– Il ne m'a pas battue.
– Il vous a cassé le bras...
– Oui. »

À la suite de cette violence, un point de non-retour a été atteint, pour Jeanne. Elle a trouvé la force de rompre avec Alain. Alors qu'elle était retournée vivre chez ses parents, il a tenté de la raisonner, pour la faire revenir.

« Je pleurais tous les jours, dit-elle en soupirant. J'ai failli céder. C'était très dur de lui résister. Il disait qu'il m'aimait, qu'on pouvait repartir de zéro. »

De nombreux mois ont été nécessaires pour que la jeune femme se reconstruise, mais elle est parvenue à se défaire de cette emprise.

À 34 ans, elle enseigne maintenant l'histoire de l'art dans une faculté parisienne.

7

Échec et mat

L'une des spécificités de la relation réside dans l'alternance de comportements opposés : la partenaire est mise en valeur, complimentée, de façon sporadique et ponctuelle, puis, la plupart du temps, elle est au contraire critiquée, méprisée. Cela rend d'autant plus précieux les moments de valorisation et la victime reste parce qu'elle est en attente de ces instants, où elle se sent regardée, aimée, consolée. La phase de séduction est même si agréable pour la femme qui en est l'objet qu'on pourrait la comparer à la « lune de miel » éprouvée par les toxicomanes envers leur produit d'addiction, au début (et qui, par la suite, recommencent indéfiniment pour tenter de retrouver ces sensations).

La relation « prend » grâce à cette alternance subtilement dosée. C'est là la différence entre l'homme gentil et le pervers narcissique qui peut, certes, être aimable, mais seulement à doses homéopathiques ! Bien sûr qu'il est « aussi » gentil, sinon comment pourrait-il accrocher la victime à son cou ?

L'exemple du cas de Laure est édifiant. C'est aujourd'hui une jeune femme frêle comme une gamine. Elle est sans armes, désemparée, et ce qu'il lui reste à défendre, les vestiges d'elle-même, un tas de ruines informes sur lesquelles on marche à grand bruit, alors que tout le reste est silence. Elle a 30 ans tout juste...

Le premier rendez-vous de la jeune femme fut tout entier habité par une souffrance qu'elle avait du mal à exprimer par des mots. Elle pleurait beaucoup. Elle disait avoir rencontré un homme d'une quarantaine d'années sur Internet, par un site de rencontres, trois ans auparavant.

> « Je sortais d'une déception amoureuse ; mon petit copain m'avait annoncé qu'il partait faire un stage aux États-Unis dans une grosse boîte ; il travaillait dans les assurances... Quand j'avais vu son air embarrassé, j'avais d'abord cru qu'il allait me demander en mariage ! En fait, il m'informait de son départ... Après avoir hésité, je me suis inscrite sur ***. C'était plutôt sympa. Les hommes me faisaient la cour, parfois assez... cavalièrement, mais ce n'était pas désagréable, toute cette attention. Par moments, à force d'avoir plusieurs contacts en cours, je les mélangeais, je m'adressais au prof de maths en pensant discuter avec l'informaticien... Aucun ne m'intéressait vraiment. Je "chattais", en attendant mieux. Un jour, se présente un certain Johan... belle photo en noir et blanc, photographe, revenus déclarés très élevés... J'ai tout de suite flashé sur cet homme ; il me plaisait beaucoup. Il avait quelque chose de mystérieux. Je ne pouvais vraiment pas prévoir ce qui s'est passé ensuite. »

En effet, la victime ne « voit rien venir ». Cette expression révèle d'ailleurs parfaitement son état : elle est éblouie, elle perd de son acuité. Son sens critique est amoindri. Au début et jusqu'à un certain point de la relation, elle pardonne tout.

> « Il m'envoyait des photos, de très belles images, des nus de femmes, mais aussi des paysages, des clichés splendides. Les portraits et les nus avaient tous une lumière intimiste, un grain précis, parfait. On avait l'impression de toucher ces corps, de sentir leur odeur ; c'était magique. Je lui disais que je trouvais

ça très beau. Nous nous sommes donné rendez-vous la première fois au bar d'un grand hôtel, atmosphère piano en *live* et lumières tamisées... Il souriait, parlait peu, mais il avait un regard magnétique. Ses silences donnaient de l'épaisseur, une tension agréable à la rencontre. J'adorais. »

Lorsque le manipulateur parle, il séduit, et quand il est silencieux... il séduit aussi.

Le mot et l'anti-parole

L'expression orale, les mots ont une importance primordiale dans la tactique du pervers narcissique : ils constituent la clé de sa manipulation, mais ils sont utilisés différemment selon le stade de la relation. Pour plaire, puis pour envahir et induire des réactions et, enfin, pour détruire.

Abondance de mots pour la séduction, puis laconisme, voire mutisme, mensonges, insultes, messages paradoxaux : tout y passe. Ses verbalisations reflètent parfaitement la perversion du manipulateur narcissique : il joue du mot comme on joue d'un instrument.

Par « anti-parole » on entend le fait que le pervers narcissique utilise les mots pour une « fausse » communication. Il n'y a pas, à aucun moment, de vrai dialogue avec un tel homme. Et pourtant, les mots, il les connaît ! Même quand il se tait, son silence est plein de significations et de conséquences, parmi lesquelles, souvent, une sensation de culpabilité chez la victime qui se demande ce qu'elle a fait, s'interroge, retourne mentalement les événements dans tous les sens pour essayer de comprendre.

« Même en "chat" il parlait très peu. C'était surtout moi qui m'exprimais, et ce n'était pas toujours facile, parce qu'il ne s'intéressait pas particulièrement à ce que je faisais. Comme je suis loquace de

> nature, je n'avais pas de mal à meubler, je parlais de tout et de rien, de ses photos, de tel ou tel événement. Il n'accrochait pas beaucoup ; je le trouvais très timide, très réservé ; je dirais même retranché. Puis, dans ce bar où pour la première fois nous parlions en présence l'un de l'autre, il a commencé à être plus communicatif ; il me faisait rire en me murmurant des commentaires cocasses sur le gros monsieur qui occupait une table voisine. »

Dès le début, l'entreprise de séduction du manipulateur se met en place grâce aux mots, car il dispose d'une verve et d'une dialectique subtiles et insidieuses. Dans cette phase initiale, les mots sont doux, ils caressent et mettent en valeur. Ils peuvent être abondants ou, au contraire, bien dosés.

> « Par instants, il se taisait et m'observait, un sourire en coin, tout à coup silencieux. Je continuais à parler, j'avais envie de le faire revenir dans la conversation, et je me demandais ce qu'il pensait, si je lui plaisais... Son attitude me déroutait un peu... Je le trouvais original, en tout cas pas du tout le dragueur habituel. »

D'une manière générale, le pervers narcissique n'aime pas la communication directe et limpide. Par exemple, il peut sembler avare de mots, vous laissant faire les questions et, par son silence, vous obligeant à faire aussi les réponses. Dans ce monologue imposé, la victime s'empêtre comme dans les mailles d'un filet. Elle hésite, cherche les bonnes questions, les bonnes réponses. Fatalement, elle se dévoile ainsi beaucoup, montre ses vulnérabilités. Le pervers narcissique se gausse alors en silence du trouble qu'il a su induire et des inévitables faux pas : il constate avec délectation la « stupidité » de l'autre, si utile à rehausser sa propre valeur.

> « Je lui ai demandé s'il avait déjà exposé ou édité des livres de photos ; ce qu'il faisait me semblait d'un niveau assez élevé pour justifier un vrai succès. Il n'a pas répondu, il est passé à autre

chose. Il agissait souvent comme ça : s'abstenir de répondre ou changer de sujet. J'imaginais alors tout et n'importe quoi. J'en étais arrivée à penser qu'il était connu et qu'il ne voulait pas le révéler ! Je fantasmais énormément sur ce qu'il pouvait être "en réalité", bref, je voyais en lui un véritable héros, alors qu'il ne se vantait pas ouvertement ! »

Chez cet homme, la communication – ou ce que nous avons l'habitude de nommer ainsi – ne sert donc pas du tout à communiquer, mais... à induire, c'est-à-dire à provoquer de l'incertitude, du doute, bref à déstabiliser l'autre. Il adore le paradoxe et est capable d'affirmations dissemblables d'un jour à l'autre avec l'effronterie d'une apparente bonne foi. C'est vous qui ne comprenez rien ! Et lorsqu'on le prend en flagrant délit de mensonge, il nie généralement avec une assurance remarquable, voire... convaincante. C'est toujours l'autre qui est mesquin ! Vous, en l'occurrence. D'ailleurs, il n'a pas son pareil pour prouver à la terre entière qu'il a raison, quel que soit le sujet. Le mensonge est une habitude banale chez lui. Il en use pour des motifs et des buts variés : pour faire croire qu'il est ce qu'il n'est pas, se glorifier, pavaner, mais aussi pour semer la zizanie dans la famille, entre amis, ou bien pour montrer sa partenaire sous un mauvais jour, en l'accusant de faits inventés, ou encore, lors d'une séparation, pour attaquer, décrédibiliser et rejeter toutes les fautes sur l'autre. Bref, le pervers narcissique a de multiples « bonnes raisons » de mentir...

Laure, bien sûr, en a fait les frais de nombreuses fois :
« Le hasard a voulu que je m'y connaisse un peu en photographie. Je lui ai demandé quel appareil, quels objectifs il utilisait. Il est resté dans le vague et, au moment où j'ai posé une question précise sur les objectifs grand-angle, il s'est énervé, me disant qu'il n'allait pas me faire un cours là-dessus, que je n'y comprendrais rien et que, "de toute façon", il était autodidacte et qu'il

n'appliquait pas les règles "orthodoxes" de la technique habituelle... Je m'étais convaincue que tout ça était un cran trop élevé pour moi et j'avais laissé courir. Plus tard, j'ai compris qu'il n'était pas photographe professionnel comme il l'avait laissé entendre. Il travaillait en fait dans une banque. La photographie était une passion, un hobby... selon lui. Par la suite, j'ai découvert que ces photos n'étaient pas de lui mais qu'il les avait trouvées sur Internet. Évidemment, j'ai toujours soigneusement évité de reparler technique avec lui. D'ailleurs, chaque fois que l'on entrait dans un domaine où j'avais quelques compétences, il me rabaissait du plus qu'il pouvait, ou alors il se mettait à parler d'autre chose. On aurait dit qu'il ne supportait pas que je sois bonne en quoi que ce soit. »

Lorsque le manipulateur narcissique installe et renforce son pouvoir, les mots, et surtout la façon dont le discours est agencé, revêtent encore une importance primordiale. C'est le temps des allusions, des insinuations, des mots blessants. Prises séparément, ces remarques sembleraient inoffensives, du domaine de l'anecdote, mais l'ensemble constitue un vrai processus destructeur. C'est tout l'art du pervers narcissique : frapper sans laisser de traces visibles.

Dans la phase ultime de la relation. Quand il s'agit de détruire la victime et finir de la « vider », les mots seront coupants comme des lames de rasoir dans le cadre privé, choisis et dosés, devant les autres : le pervers narcissique sait éviter de se trouver en faute et, si par hasard il l'est, il se défend avec une véhémence d'innocent.

« Quand il commettait une erreur ou un oubli, il entrait dans des fureurs impossibles, se souvient Laure. Il m'agressait, m'accusait soudain de tout autre chose, en changeant de discussion. Il n'était jamais responsable de rien. Quand il a eu un accident de voiture avec sa berline toute neuve, il a refusé d'établir le constat à l'amiable avec l'autre conducteur et il a appelé la police de son portable, alors que c'était lui qui avait grillé le feu rouge. Il a argumenté avec une telle fureur offusquée qu'il a fini par obtenir gain de cause. J'étais avec lui ce jour-là, je sais de quoi je parle. Je n'osais pas intervenir, et encore moins défendre le pauvre automobiliste... Je l'aurais payé cher en rentrant à la maison. Je me sentais si lâche... »

Enfin, la technique plus ou moins consciente du « message paradoxal » constitue son fer de lance. C'est le fameux *double bind* dont parlent les anglophones : le discours à double contrainte, autrement dit : paradoxal. On dit une chose pour en faire comprendre une autre (« Je te remercie ! », dit sur un ton ironique) ; on donne des ordres absurdes ; on formule des demandes impossibles (« J'aimerais que tu fasses tel geste, mais que ça vienne de toi et pas parce que je te le demande » : si l'autre ne le fait pas, cela lui sera reproché, et s'il le fait, il lui sera reproché de ne pas l'avoir fait spontanément). Ce processus déstabilise l'interlocuteur ou le met dans l'impasse. Dans les deux cas, la personne est manipulée.

« Un soir, alors que nous étions devant la télé, Johan me pose une question : "Il te plaît, Philippe ?" (son meilleur copain). J'ai senti le piège... Il était calme, nous grignotions en regardant un film, nous ne nous étions pas disputés, mais j'ai pressenti que cette demande n'était pas anodine. Comme Johan avait un tempérament très jaloux, j'ai répondu : "Non – Ah ? Pourquoi ? Qu'est-ce qu'il a qui ne te plaît pas ? C'est mon meilleur ami, je te signale !" a dit Johan en haussant le ton. Aussitôt, je me suis corrigée : "Mais si, il me plaît, là n'est pas la question..." À cet instant précis, Johan est entré dans une fureur monstre : "J'en étais sûr ! J'avais senti que tu ne disais pas tout. Tu minaudes quand il est là, tu fais ta toute belle ! Tu crois qu'il va te tomber dans les bras comme ça ?! Salope !" Je ne savais plus quoi dire. »

Exemple qui se dispense de commentaires ; triste réalité presque quotidienne de la personne manipulée...

En guise de bilan, force est de constater qu'avec ses

mots le manipulateur pervers parvient à entamer l'une des plus précieuses ressources de l'individu : l'estime de soi, à laquelle tout un chacun se rattache pour vivre et avancer.

L'estime de soi

Afin de faire table rase des velléités de la victime, le pervers narcissique va s'attacher avec une méticulosité d'orfèvre à détruire l'image qu'elle a d'elle-même.

> « J'ai cru à sa bienveillance, raconte Laure. Pourtant, il ne l'a jamais exprimée clairement ; mais j'avais un tel désir de gentillesse que les moindres paroles aimables brillaient comme des pépites, pour moi. »
> Laure incline le visage. Elle semble se rendre compte de ce qu'elle a vécu au fur et à mesure qu'elle le traduit en mots…
> « Pendant plusieurs mois, je n'ai jamais remis ses paroles en cause, et avec ses mots, il a commencé à me faire douter de moi. Quand il restait impassible devant une réussite me concernant, je me calais aussitôt sur son jugement : tout ça n'avait en effet rien d'extraordinaire. Lorsque, il y a un an, j'ai reçu une promotion inespérée dans mon travail, je ne savais même pas si j'étais contente. Johan m'a asséné : “La fille qui devait avoir ce job n'en a pas voulu ; c'est pour ça qu'ils ont fait appel à toi.” »

L'estime de soi, c'est la façon dont on se voit et le jugement que l'on porte sur soi-même. Mais, loin de ne dépendre que de nous, cette vision est très liée au regard des autres. Si ces derniers nous estiment et nous aiment, alors nous nous aimons plus et mieux. Le regard d'autrui nous « donne » de la « valeur ». Bien sûr, il existe une part d'amour inconditionnel envers soi-même ; ce dernier, nourri principalement par l'amour qui nous a été témoigné depuis l'enfance, est un rempart efficace contre les tentatives de destruction externes. Si l'on s'aime beaucoup, notre narcissisme nous protège, nous fait réagir.

Cet amour de soi n'est pas la seule composante de la considération que l'on porte à soi-même. L'estime repose aussi sur la confiance en soi, c'est-à-dire la capacité d'agir, de faire, de « se lancer ». C'est un aspect bien plus concret, puisque lié à nos actes. Enfin, l'évaluation de soi est le troisième paramètre de l'estime que l'on éprouve à son propre égard. On se juge intérieurement, même sans y penser. Nous évaluons nos qualités, nos défauts, nos limites. Lorsque l'on possède une bonne estime de soi, on pense : « Il y a pire que moi » et on attribue ses échecs à la malchance[1]. Dans le cas contraire, quand l'estime est faible, on se dit : « Il y a mieux que moi », et l'on s'attribue l'entière responsabilité de ses propres échecs : « C'est parce que je ne suis pas capable. »

> « Un jour... nous roulions en voiture... Johan conduisait. Soudain, on s'est trouvés devant une déviation en zigzag. Johan s'en est très bien sorti, avec de bons réflexes. Moi, surprise, j'ai poussé un cri. Pas très fort... juste une exclamation. Johan s'est tourné vers moi : “Ça t'aurait mise en difficulté, si tu avais été au volant ?” Maintenant, je sais que ce n'était pas vraiment une question, mais plutôt une affirmation ! Il ne perdait jamais une occasion de me faire douter de mes capacités. ».
> Laure se redresse un peu, change de position sur sa chaise, et ajoute : « Mais à cette époque je n'en avais pas conscience du tout ! Loin de là... »

En raison de ses diverses dimensions et de son lien avec la sphère sociale, l'estime de soi peut s'avérer fragile, changeante, modulable... voire modelable. Cette

1. C. André et F. Lelord, *L'Estime de soi. S'aimer pour mieux vivre avec les autres*, Odile Jacob, 1999.

semi-précarité constitue cependant sa force : l'estime de soi est flexible. Si elle peut être entamée ou dévastée par des événements délétères ou un habile manipulateur, elle peut aussi être renforcée, restaurée, grâce à une influence positive. Il est important que les victimes des manipulateurs pervers aient à l'esprit ce message d'espoir. Le thérapeute aidera la personne touchée à aller rechercher au fond d'elle-même ce qui a été enfoui : cela n'a pas disparu totalement car, si le manipulateur pervers « détruit », il ne peut atteindre les strates les plus intimes… Le thérapeute, si.

Le niveau profond, moins « attaquable », c'est le narcissisme, ce qui permet de se construire au niveau de l'identité ; c'est soi avec soi-même, alors que l'estime, c'est surtout soi avec les autres, par rapport aux autres, dans leurs yeux. L'estime de soi est en quelque sorte la partie émergente du narcissisme. Ce dernier (celui que les psychanalystes définissent comme « narcissisme primaire ») est la base de l'identité de l'individu. Une fois constitué, il est pratiquement « définitif ». Pour schématiser, on pourrait écrire que le narcissisme est la strate de base, le matériau géologique, et l'estime de soi, l'édifice construit par-dessus. Si la roche est solide, la personnalité « tiendra debout » ; si elle est friable ou crevassée, elle s'écroulera. La faille narcissique de la compagne du manipulateur pervers, dont nous avons parlé au sujet de son profil, perturbe l'estime qu'elle a d'elle-même, la rend plus fragile. Pendant son enfance, elle a « fabriqué » un narcissisme déficient : c'est pour cette raison que son estime est si facilement ébranlable, et cela le manipulateur pervers le « sent » dès le début. Il est avide de ce trait de personnalité. Consciemment ou non, il se dit : « Cette femme, c'est exactement ce dont j'ai besoin ! » Elle, flattée d'être regardée (quand il la séduit) comme une quasi-déesse, salvatrice et unique, accepte ensuite ces agissements, se met dans une position sacrificielle…

> « Je me sentais tellement utile, si indispensable au début, que même lorsque j'ai compris qu'il mentait "un peu", je lui pardonnais tout. Je croyais sincèrement pouvoir le changer. Dans mon esprit, s'il ne disait pas la vérité, c'est parce qu'il était blessé, qu'il avait vécu des épreuves difficiles, avait souffert. Je ne sais pas pourquoi, je me disais qu'il utilisait le mensonge comme… un pansement ! »
> La jeune femme pleure.
> « Plus tard, j'ai compris que ça faisait partie de la toile d'araignée qu'il tissait autour de moi, mais je n'y faisais presque plus attention… parce que quand il a commencé à être violent, à me frapper, je me concentrais surtout sur le fait de ne pas le contrarier pour ne pas en recevoir davantage. Après, il me demandait pardon, affirmait qu'il ne recommencerait plus, qu'il m'aimait énormément et que c'était pour ça qu'il sortait parfois de ses gonds. Il disait aussi : "C'est de ta faute, aussi, par moments tu me pousses à bout avec ta mollesse !" »

En somme, si Johan battait Laure, c'était de sa faute à elle ! Les manipulateurs pervers ne battent pas tous leurs compagnes, mais cela est moins rare qu'on ne le croit…

Exploitation affective

Le pervers narcissique s'empare habilement de la prédisposition de l'autre à la dépendance affective. Sa compagne possède toujours ce trait.

Le fait de ne pas être capable de vivre sans l'autre, comme si on n'existait pas en son absence, peut donner à première vue l'image d'une parfaite correspondance, voire d'un amour idéal. Aimer au point de n'être « rien » sans l'autre : plus qu'un gage d'amour, c'est un gage tout court. Celui ou celle qui fait cette déclaration se donne en otage à une relation, et y risque tout son être, dans l'espoir vain de garantir ainsi la pérennité du lien. Cette dépendance est le plus souvent verbalisée, exprimée ouvertement, et ces paroles, qui reviennent en ritournelle : « Je ne suis rien sans toi », sont autant de signes d'un manque à combler. La personne dépendante affectivement se sent incomplète sans l'apport du partenaire et devient son satellite. Alimentée par la peur de l'abandon, cette complétude illusoire occupe toute la place, au point d'aspirer à être « comme l'autre l'attend ». Mais le plus souvent, le conjoint en dépendance affective bâtit mentalement une image tout à fait arbitraire du désir de l'autre, de ce que l'autre attend d'elle, et s'impose de rentrer dans un moule, dont cet autre n'a que faire, laissant de côté ses propres besoins. Le couple n'apporte pas, par sa simple existence, une identité à qui que ce soit. Quant au sentiment de sécurité, il est relatif et, lorsque le moteur de l'attachement réside dans la peur de l'abandon, il s'agit d'une « sécurité névrotique[1] » qui ne *remplit* pas, car la demande en est sans cesse renouvelée avec angoisse. En somme, dans la relation où intervient la dépendance affective de l'un des deux partenaires, ce dernier *y laisse* une part de lui-même, surtout si, par mésaventure, l'autre profite de la situation et exploite cette dépendance : « On ne fait plus qu'un, oui, mais lequel[2] ? »

Victime et coupable : double rôle

« Nous n'avons jamais partagé de vie commune. J'avais mon appartement, il avait le sien, mais nous étions très souvent chez

1. Dr C. Fauré, *Ensemble mais seuls. Apprivoiser le sentiment de solitude dans le couple*, Albin Michel, 2009.
2. L. Daligand, *Violences conjugales*, Albin Michel, 2006.

> lui. Il m'a souvent empêchée de rentrer chez moi après m'avoir battue, à la fois pour éviter que je n'aille le dénoncer et pour me "consoler", comme il en avait l'habitude. Son pardon de l'avoir "contraint" de me frapper s'exprimait en général à travers un acte sexuel : il me "reprenait"... J'étais comme une poupée sans volonté ; complètement perdue... et aussi... dans ces moments-là j'acceptais presque volontiers ses avances, parce qu'elles signaient la fin des hostilités. Une fois debout, je me détestais et je me trouvais bien faible, lâche de ne pas être capable de casser ce cercle vicieux. Coupable envers moi-même ; sans amour-propre. »

Toute l'habileté du pervers narcissique se déploiera à prouver la culpabilité de sa partenaire : à la fois à ses propres yeux (« Je suis nulle et c'est ma faute ») et à ceux des autres, parents, amis ou collègues (« Elle exagère ; c'est lui qui fait tout, elle pourrait lui être plus reconnaissante » ; « Elle ne s'occupe pas beaucoup des enfants » ; etc.). Il est donc très important pour le pervers narcissique de *prouver* que sa compagne est mauvaise, incapable, ingrate, etc. L'emploi, chez lui, de la forme négative pour interroger est très prisé : « Tu n'as pas pensé à acheter du pain ?! » (il sait déjà que non : sa question ne sert pas donc à recueillir une information mais à souligner l'oubli, la culpabilité). Lorsque le geste inaccompli, la tâche non remplie le concerne directement, la culpabilité induite est encore plus forte et immédiate : « Tu n'as pas acheté *ma* bière ?! »

Il exige de l'autre qu'elle soit parfaite et, comme cela est impossible, elle s'avère forcément inadéquate, en tout, à chaque instant.

Par exemple, lorsqu'il est (ou fait semblant d'être) en demande, il s'arrange toujours pour que sa requête ne puisse tout simplement pas aboutir, pour qu'en même temps ce ne soit pas possible. Il demande à l'autre quelque chose qu'elle ne peut pas faire à ce moment-là et, devant son refus désolé, il pointe un doigt accusateur : « Tu vois, tu n'es pas capable », ou bien : « Tu ne veux jamais rien faire pour moi... » La conclusion sous-entendue étant : « Tu me refuses tel service... donc tu es coupable... » Pour schématiser, c'est la victime qui est dans le box de l'accusé ! Le pervers narcissique adore procéder ainsi. C'est un bel exercice de manipulation : mettre l'autre à l'endroit que l'on a désigné, tel un pion ; prévoir sa réaction, la provoquer, même !

> « Je n'arrivais jamais à le contenter. Quand j'achetais des fruits, ils étaient toujours trop mûrs, ou pas assez, ou alors farineux, ou – un comble – trop parfaits pour être honnêtes, comme il disait : "Quand les pommes sont sans défaut, c'est qu'elles sont traitées à outrance ; tu achètes n'importe quoi !"
> J'étais responsable de tous les maux de la terre et des siens en particulier. Quand il a raté son concours pour accéder à un poste plus important dans une filiale de sa banque, là aussi, c'était à cause de moi : je l'avais empêché de se concentrer, d'étudier... Il disait : "Si tu n'avais pas toujours été collée à moi, j'aurais pu aller plus souvent à la bibliothèque et j'aurais réussi haut la main !" »

Enfin, il aime pouvoir affirmer : « Je l'avais bien dit. » Cela doit le rassurer, sans doute. Quand il a raison, tout va bien... et, de toute façon, il a toujours raison. Le monde entier *doit* tourner selon le sens que lui-même indique ; être tel qu'il l'entend, ou ne pas être.

De soi à l'autre

Comme nous l'avons vu dans la genèse des pathologies et fragilités qui nous intéressent, la notion de narcissisme est centrale. Dans la conception psychanalytique, le narcissisme est utilisé pour qualifier l'investissement du sujet sur lui-même. D'abord perçu comme une perversion, il est désormais conçu comme une phase de développement essentielle. Mais on distingue deux temps dans cette étape. À l'origine, le petit enfant ne fait pas la distinction entre le monde extérieur et lui-même, il « s'aime » en y englobant son monde. Il est nécessaire que « son monde » soit bienveillant avec lui, le gratifie, le cajole : c'est la première étape de l'amour de soi. C'est après, et seulement après avoir acquis ce « patrimoine » (d'amour de lui-même), que l'enfant va pouvoir aimer l'autre et se sentir aimable.

Dans les relations passionnelles, par exemple, l'amour de l'autre est excessif et se fait au détriment de l'amour de soi-même (ou, plus exactement, moins on s'aime et plus on sera porté à « surinvestir » l'autre et à lui attribuer des qualités qu'il n'a pas), et inversement, plus l'amour de soi-même est important, moins il reste de possibilité d'aimer l'autre. Chacune de ces deux alternatives se réalise en appauvrissant celle qui lui fait pendant.

Chez la partenaire du pervers narcissique le manque d'amour d'elle-même la porte à surdéterminer la relation et à idéaliser l'autre : sa source d'amour vient de l'extérieur, elle n'a pas assez de ressources à l'intérieur, ce qui induit une grande dépendance à la relation.

Chez le pervers narcissique, la souffrance d'origine est la même mais elle se double d'une autre pathologie : la perversion. Et, alors que sa partenaire va attendre jusqu'à l'insupportable qu'il lui témoigne de l'amour, il va prendre ce dont il a besoin pour combler cette défaillance (mais il est, lui, condamné à répéter sans cesse, parce que ça ne s'inscrit pas, ça ne se répare pas, c'est comme un puits sans fond).

Conséquences

Elles seront multiples.

Au niveau personnel: sa vie intérieure étant entamée, ses repères écroulés, la personne victime tombe très souvent dans la dépression. Apathie, découragement, laisser-aller (que le pervers narcissique reproche vigoureusement à sa compagne: « Regarde-toi ! Dans quel état tu es ! Quelle honte ! »). À cet état dépressif plus ou moins accentué s'ajoute la peur : aux côtés d'un pervers narcissique la menace plane toujours. Après la séparation, les exigences qu'il a su instiller perdurent : il existe un effet-retard de ses agissements. Pour la femme, ex-épouse ou ancienne compagne, la libération psychique est loin d'être instantanée à compter de l'éloignement physique, du changement de domicile, du divorce, car elle a intériorisé ses exigences : elle a beau partir, elle les emporte avec elle, du moins pour un certain temps.

A-t-elle changé ? Oui et non. Elle semble « dépersonnalisée », à savoir qu'elle donne l'impression d'avoir perdu ce qui la caractérisait auparavant, ses goûts, ses habitudes, sa spontanéité ; elle se trouve dans un état de confusion, ne sachant quoi penser ni quoi faire. Malgré les énormes difficultés relationnelles avec son partenaire, elle doute beaucoup et hésite souvent même à s'éloigner de lui ; il lui arrive de penser qu'il peut encore avoir besoin d'elle. Elle est « altérée », mais peut retrouver ses ressources en cherchant tout au fond d'elle-même. Sa texture authentique persiste : c'est l'un des éléments que le thérapeute l'amènera à réinvestir. Lorsqu'elle décide de rompre, c'est qu'elle est vraiment « au bout du rouleau », qu'elle est prête à renoncer à ce lien.

Au niveau social: le pervers narcissique demande fréquemment à sa femme de quitter son travail. « Tu t'occuperas mieux des enfants », « Tu n'as pas besoin de travailler. » Elle se retrouve confinée au strict cercle familial, coupée du reste du monde. Le manipulateur pervers a fait le vide autour d'elle... et finira par lui dire: « Tu vois, personne ne s'intéresse à toi ! » Sa vie sociale et professionnelle stagne, ou régresse. Elle ne pratique plus ses activités préférées, ses hobbies.

Au niveau relationnel: la tactique d'isolement fonctionne aussi au niveau interne ; la femme qui l'a subie rencontre plus de difficultés relationnelles qu'auparavant, sa démarche vers autrui se révèle compliquée. D'un point de vue général, sa capacité à entrer en relation avec les autres est diminuée et son élan amoindri. Elle a peur d'eux, elle ne sait plus se mettre en relation ; elle est devenue maladroite. De la même façon qu'elle n'existe pas aux yeux de son partenaire, elle a une incapacité temporaire à exister devant le reste du monde ; temporaire car, comme nous l'avons souligné, la femme qui a vécu une telle histoire peut se réparer, si elle est aidée.

> « J'étais très seule, avoue Laure dans un souffle. Je n'avais plus personne. Je ne voyais presque plus ma famille. Le pire, c'est que je n'en avais plus envie !
> Maintenant, j'essaie de le quitter mais il me fait du chantage. Nous avions monté ensemble une petite société de commercialisation de produits, cadeaux, objets divers, sur Internet. Il veut m'empêcher d'en sortir, pour éviter une séparation définitive, je suppose... Depuis que je ne vais plus chez lui, je le retrouve sur mon chemin à chaque instant, alors qu'il n'habite pas le même quartier que moi. Il traîne souvent dans ma rue, ou aux abords des lieux qu'il sait que je fréquente, comme la piscine où je vais nager tous les mardis... Je ne sais pas comment parvenir à me débarrasser de lui. C'est un véritable cauchemar. »
> Laure lève le regard. Elle est plus déterminée, depuis quelques semaines. Petit à petit, elle retrouve sa volonté, ses forces.
> « Je ne vais pas me laisser faire. Il faudra bien qu'il renonce, à un moment donné. C'est un vrai gâchis tout ça, mais j'ai envie d'avancer. »

8

Prévention, sauvegarde

Comment déceler un pervers narcissique ?

À la première approche

Il se comporte comme un homme amoureux, d'où la difficulté de déceler l'anormal là où il n'y a que charme et empathie.

Vous avez l'impression de vous trouver face à l'homme idéal. Il est plutôt beau gosse, en tout cas très séduisant. Il semble ne voir que vous et s'intéresse à vous avec grandiloquence, fait des compliments. Cependant, tout au fond de vous, vous avez l'impression qu'il « en fait un peu trop », comme s'il voulait vous séduire à tout prix, comme s'il en rajoutait…

Cependant – et c'est ici que se situe toute la différence avec l'homme simplement amoureux –, vous devriez ressentir, au moins par moments si fugaces soient-ils, un certain malaise, comme si quelque chose « clochait ». Cela peut apparaître par touches presque imperceptibles, d'autant plus difficiles à repérer pour vous que vous les refoulez. Vous passez outre, vous les sous-estimez pour ne pas entacher l'idéal qui s'offre à vous. Or c'est une erreur. Il faut s'écouter, c'est-à-dire être à l'écoute de ses sensations. D'aucuns appellent cela « avoir une intuition ».

Il s'arrange pour créer assez vite une « demande ». Il vous met parfois (au début, par touches légères et sporadiques) dans le manque, par exemple en ne vous rappelant pas ou en étant soudain distant, puis, aussitôt, il vous « reprend ». C'est ce va-et-vient de « donner-reprendre » qui installe votre sensation de manque et donc de demande à son égard. Ainsi, vous commencez assez vite à avoir « besoin de lui », à l'attendre, à désirer ses témoignages d'affection. Ce type de comportement peut s'avérer assez précocement chez le pervers narcissique, c'est pourquoi nous le situons ici, dans le cadre de la première approche.

Dans une relation déjà installée

Au début, la relation était idyllique, vous pensiez avoir trouvé le prince charmant. Tout semblait parfait. Votre compagnon était attentionné, serviable... Puis les rapports ont changé ; maintenant, vous avez parfois l'impression d'étouffer, d'être en enfer : c'est ce flagrant contraste entre la situation de départ et celle qui se profile au bout de plusieurs semaines/mois/années qui est symptomatique.

Vous-même ne vous « reconnaissez » plus : vous étiez gaie, pleine de vie, d'entrain, d'optimisme, et maintenant vous êtes dépressive, vous doutez de tout, mais surtout de vous.

Vous vous sentez coupable de ne pas « être à la hauteur » : votre mari, votre compagnon vous fait sans cesse des reproches. « Tu ne t'occupes pas assez de moi et des enfants... »

Vous aviez des ami(e) s, vous sortiez. Aujourd'hui, vous ne voyez plus personne. Vous êtes isolée.

Vous découvrez avec incrédulité chez votre compagnon des traits de caractère que vous ignoriez. Il est devenu menaçant, voire violent. Il tente parfois de vous faire du chantage (« Si tu revois cette copine, je te quitte »). Vous avez découvert qu'il vous mentait sur certains points.

Il se comporte différemment à la maison et au-dehors, avec vous et avec les autres. D'ailleurs, lorsque vous leur en parlez, les autres ne voient tout simplement pas où se situe le problème. Ils le trouvent parfait ! « Pourquoi tu te plains ? Il est si gentil. Franchement, tu ne pouvais pas trouver mieux. Tu es fatiguée, ça doit être ça. » Et vous vous sentez incomprise.

Vous avez l'impression d'être coupable, de ne pas réussir à le rendre heureux. Il manifeste progressivement son insatisfaction, devient irascible et méprisant.

Comment se défaire de son emprise ?

Tout d'abord n'occultez pas ce qui vous gêne, les incongruités que vous percevez au début d'une relation. Il peut s'agir notamment de la convergence d'éléments ou d'une sensation ponctuelle de « violence » qui vous trouble, vous semble déplacée dans une période de séduction.

Si vous avez l'impression, dès le départ, que c'est « trop beau pour être vrai » et que vous ressentez un malaise sans trop pouvoir le définir, si vous avez le moindre doute sur ses dires, si vous soupçonnez qu'il puisse mentir, s'il reste vague sur ses expériences professionnelles, s'il se vante, sans donner de preuves tangibles de ce qu'il affirme, si vous avez la sensation qu'il essaie de vous faire parler sans se dévoiler lui-même… alors réfléchissez bien avant de continuer le dialogue avec un tel homme.

Il ne s'agit pas de tomber dans la paranoïa, mais bien de se protéger.

Lorsque la relation est déjà installée, parfois depuis des années, il est vraiment difficile de se libérer du pervers narcissique, car il ne lâche pas facilement sa « partenaire », sauf s'il ne peut vraiment plus rien en tirer et qu'il a trouvé mieux ailleurs, auquel cas il la rejette comme une peau vide.

Le philosophe Hegel a bien décrit la relation maître-esclave, et celle qu'établit le pervers narcissique avec sa partenaire répond à ce schéma, à un stade avancé, car s'installe alors une réelle domination de l'un sur l'autre. Il est à noter que, dans ce type d'engrenage, seul l'un des deux pourra sortir de sa condition : la personne qui a vécu en position de victime, bien entendu. Car l'« esclave » peut s'affranchir. Le maître ne peut, lui, que se mettre à la recherche d'un nouvel esclave, si le sien vient à manquer. Il n'envisage jamais de renoncer à son titre ! De fait, le pervers narcissique ne change pas, jamais. Il est dépendant de sa partenaire qui, elle, peut trouver la force d'ouvrir son avenir, de dénouer le lien.

C'est bien de cela dont il s'agit, et jamais le mot « dénouer » n'a revêtu de signification plus adaptée !

Pour sortir de cette emprise, il faut tout d'abord accepter de constater que l'on y est entrée. Il est difficile, c'est certain, de s'avouer que l'on s'est laissé prendre dans des filets si grossiers. Il n'est jamais agréable de voir que l'on a été flouée. La femme qui se trouve dans cette situation hésite souvent à reconnaître ce qui lui arrive, mais la vie insupportable qu'elle mène et sa souffrance l'obligent malgré tout, un jour ou l'autre, à regarder l'amère réalité en face. Elle hésite aussi, bien sûr, parce que faire le constat d'un échec – celui de ce couple qu'elle avait cru pouvoir former – l'amène automatiquement à penser : « Et maintenant ? » Il faut rebondir, changer, se libérer, aller vers une autre vie. D'autres difficultés se profilent alors, non des moindres par rapport à la vie précédente. Étant donné les réactions généralement vives du pervers narcissique face à une tentative de « libération », il conviendra de veiller à bien jouer les cartes dont on dispose. Nombre de femmes, plutôt que de fuir directement, tentent de contrecarrer cet homme pervers et narcissique, notamment en lui renvoyant la balle quand il donne des ordres, en répondant aux questions par des questions. Cela risque d'être épuisant, mais épuisée pour épuisée… La guerre dans la vie commune est malgré tout envisageable uniquement à court terme : on peut, oui, essayer d'être aussi pervers que lui, opter pour la surenchère, mais c'est en général peine perdue. Le véritable pervers narcissique a plus d'expérience en la matière, la partie est inégale : n'oublions pas qu'il n'a pas d'affect, donc qu'il ne souffre pas.

À une femme qui vit sous cette emprise et qui ne peut s'en aller parce qu'elle doit temporiser, qu'elle a aussi des enfants, parce que sa situation financière est liée à celle de son compagnon, à cette femme-là, quelques conseils peuvent être utiles. De toute évidence, elle doit avoir le courage de détester son compagnon, si elle veut s'en libérer. Elle devra aussi trouver des alliés, du soutien.

Elle peut, enfin, tenter d'opérer une contre-manipulation. En quoi cette dernière peut-elle consister ? Comment résister aux assauts d'un manipulateur pervers ?

Il n'existe pas de recette, de mots miraculeux, d'expressions ni de répliques salvatrices, comme certains voudraient le faire croire. D'ailleurs, si telle femme est tombée sous l'emprise d'un manipulateur, c'est justement parce qu'elle manque de « résistance », de réflexes de sauvegarde. C'est en puisant en elle, et non en répétant des phrases apprises par cœur dans des prétendus manuels, qu'elle pourra « faire face ». Pour cela, le plus important est avant tout de prendre conscience de ce qu'elle vit, se l'avouer, mettre des mots sur sa souffrance, pour formuler l'indicible... Elle devra, à partir de cette constatation, amère mais nécessaire, accepter la rancœur, voire la haine qu'elle éprouvera à l'égard de son compagnon. S'avouer qu'elle subit bel et bien une maltraitance. Renoncer à « sauver » son compagnon ; à être « celle qu'il prétend qu'elle est ». Enfin, elle devra apprendre à se protéger le plus possible, dans les faits et avec les mots, avant de se soustraire totalement à la présence d'un tel conjoint, si elle le peut.

Contre-manipuler, c'est résister à la manipulation, et non manipuler à son tour. La femme qui se trouve dans cette situation en serait d'ailleurs bien incapable ; le moins que l'on puisse dire est que ce n'est pas dans sa nature ! Il s'agit plutôt d'adopter une attitude de « butoir », dure, ferme ou, au contraire, molle comme le caoutchouc, pour que l'attaque verbale du manipulateur rebondisse comme une balle. Cela équivaut à un refus de se laisser entraîner dans le jeu. Il a souvent été affirmé que la « victime » du pervers narcissique est aussi sa « complice » ; or, avec la contre-manipulation, la femme va signifier à ce dernier, sans le dire ouvertement, que la partie change d'orientation. Résister est épuisant pour la victime, car elle va devoir se construire, chaque fois, un rempart de protection « en catastrophe », sur l'instant. Il faut cependant qu'elle se donne le courage de le faire (ou de partir).

Souvent, lorsqu'elle se trouve face au manipulateur qui l'accuse, la dénigre ou la menace, la partenaire reste « interdite ». Rien n'est plus vrai : toute réponse lui est interdite, parce que toute réponse déclenchera la colère de l'autre et parce qu'il n'y a pas, tout simplement, de

« bonne réponse », surtout, comme nous l'avons vu, dans les injonctions paradoxales, le fameux *double bind*, où l'on est pris au piège avant même de pouvoir ouvrir la bouche. Concrètement, que faire ?

– Ne pas se fier aux paroles de cet homme ; savoir que les discussions n'en sont pas, car avec lui, tout est à sens unique. Il ment souvent et, quoi qu'il en soit, ses phrases sont toujours destinées à la manipulation, donc toujours empreintes d'une « action » à l'égard de l'autre.

– Ne pas se faire d'illusions sur sa gentillesse, qui est une manœuvre étudiée, un calcul pour amadouer. Preuve en est que cette amabilité est passagère et survient en alternance avec des périodes bien plus longues où la partenaire est malmenée.

– Juger les actes et non les dires. Ne pas se laisser attendrir par des déclarations d'amour éternel, si l'on sait que des injures ou des coups suivront ces belles paroles.

– Accepter le fait de ne pas se conformer à ce qu'*il* veut. Renoncer à l'image de la compagne idéale, se libérer du regard extérieur. Se pardonner de s'être trompée et de l'avoir été.

– Ne pas souligner ses propres faiblesses.

– Profiter pleinement de ses succès, même si le conjoint tente de les minimiser ou de les décrédibiliser.

– Se méfier des « obligations » : rien n'est jamais obligé ; on n'a que les contraintes que l'on s'impose ou que l'on accepte de subir.

Plus précisément

– La simple esquive, l'absence de réponse, est une solution à condition de ne pas déchaîner les pires foudres du pervers, qui accusera son interlocutrice de « se moquer de lui », de le narguer. Par ailleurs, « qui ne dit mot consent ». Aussi est-il en général plus adéquat de répondre.

– Chercher l'indépendance financière. Travailler, trouver un emploi lorsque cela est possible ; le garder quand on en possède déjà un. Ne pas céder aux injonctions du partenaire de quitter un poste.

– Ne pas suivre le rythme imposé par le manipulateur pervers : ses demandes sont toujours urgentes. La réponse peut ne pas l'être. Il convient de briser cette spirale, par exemple en donnant des réponses évasives. Gagner du temps, c'est le laisser face à lui-même.

– Éviter les discussions frontales, inutiles. Il sait retourner les faits et répondre à tout.

– Se réserver un quant-à-soi. Ne pas tout dire.

– Ne pas se justifier continuellement. Cela met automatiquement en position de faiblesse, de faute.

– Renoncer aux critiques directes, à moins qu'il ne s'agisse de reproches précis et concrets, impossibles à nier pour lui.

– Dans le cas des « injonctions paradoxales », ces petites phrases ou questions auxquelles il est impossible de « bien répondre » parce que l'on aura tort quoi que l'on dise, souligner le côté paradoxal de la question. L'idée générale est de renvoyer les mots du pervers narcissique sur lui, en boomerang.

– Simuler l'indifférence. Ne pas réagir aux provocations, ce qui équivaudrait à offrir le flanc.

– Ne pas se laisser entraîner dans une sexualité qui ne nous correspond pas. Les exigences du pervers narcissique dans ce domaine peuvent ne pas avoir de fin. C'est pour lui une façon d'affirmer son autorité et de souligner l'obéissance de sa partenaire. Il convient de fixer des limites, de savoir dire non. L'acquiescement à toutes ses requêtes n'est pas une issue.

À qui demander de l'aide ?

Le pervers narcissique, lorsqu'il a le temps et tout le loisir de « travailler » sa victime, veille presque toujours à l'isoler du reste du monde, l'amenant plus ou moins progressivement à couper les ponts avec son cercle d'amis, voire avec sa famille. La partenaire en est d'autant plus affaiblie et vulnérable.

Une aide psychologique permettra de trouver la force de rompre le lien. La femme doit avant tout prendre conscience de la violence dont elle victime et la nommer, évoquer sa souffrance. Ce sera le premier pas vers une déculpabilisation. Aux côtés du pervers narcissique, elle était constamment coupable. Pour reconquérir l'estime d'elle-même, elle doit « savoir » qu'elle ne l'est pas. Son sens critique retrouvé lui sera également d'une grande utilité. Qu'elle renoue avec ses proches, avec ceux et celles qu'on avait tenté de rayer de sa vie et, si possible, qu'elle mette de la distance, une distance physique et éventuellement géographique mais surtout psychique et affective, entre elle et ce manipulateur !

Alors, quel psychothérapeute choisir ? L'approche la plus recommandée, lorsqu'on affronte ce genre de situation, est celle d'une psychothérapie d'inspiration psychanalytique. Rappelons que le psychanalyste est souvent un psychologue clinicien de formation. Il convient de s'assurer qu'il est bien diplômé, enregistré auprès des autorités sanitaires : pour cela, il faut commencer par vérifier son numéro ADELI. Ce numéro n'est cependant pas un gage de compétence en soi, il signifie simplement que le thérapeute possède un diplôme professionnel.

Il est, en revanche, nécessaire de prendre des garanties quant à la compétence du psychanalyste que vous allez rencontrer. Il est tout à fait légitime de lui demander à quelle école analytique il appartient et de l'interroger sur sa formation. Il peut être psychologue clinicien et psychanalyste, parfois psychiatre avec une formation analytique (ce qui permet d'écarter l'obstacle de l'argent car, dans ce cas, une feuille de soins est délivrée).

Certains analystes communiquent leur adresse mail, d'autres s'y refusent, ces deux positions se respectent. Il est bien évident que lorsqu'un ou une patiente adresse un courriel au thérapeute, il n'est pas question d'entretenir une correspondance (rappelons qu'une thérapie analytique est avant tout une thérapie par la parole), il est d'usage d'accuser réception du courrier et de proposer d'évoquer son contenu lors du prochain rendez-vous.

Les règles à respecter par l'analyste

Un psychanalyste n'est ni un gourou ni un maître à penser. Il ne doit exprimer aucune position morale, considération politique ou religieuse. Il doit rester dans la neutralité. Il part du principe que tout ce que dit le patient est important. Le secret professionnel est total, l'analyste ne parle jamais à quiconque de ce qui se passe durant les séances.

Un analyste n'induit pas, il écoute et aide le ou la patiente à découvrir ses propres solutions. Il doit se tenir à la bonne distance, sans montrer de familiarité, mais une proximité psychique qui lui permet d'entendre ce qui se dit (et ne se dit pas).

Une psychothérapie analytique, et après ?

Il n'est pas rare qu'après une thérapie analytique dont l'issue se traduit par un mieux-être et la sortie de schémas de fonctionnement douloureux, on ait envie d'aller plus loin dans l'exploration de son propre fonctionnement psychique et d'accéder à des changements en profondeur.

Se pose pour certain(e)s la question d'entamer une analyse et souvent une psychothérapie débouche sur un désir d'analyse (beaucoup d'analyses commencent par une psychothérapie).

Françoise Giroud avait cette merveilleuse phrase au sujet de son analyste : « Grâce à lui, j'ai pris conscience que je marchais le pied droit dans ma chaussure gauche et le pied gauche dans ma chaussure droite. » L'analyse permet souvent de se sentir mieux avec soi-même et avec les autres.

Enfin, soulignons sans vouloir décourager que les séparations sont toujours douloureuses. Il faudra de la volonté, mais les efforts seront récompensés. Le divorce à l'amiable est en général une utopie, avec ce genre de personnage. Il y aura des mensonges, du chantage pour la garde des enfants, des tentatives d'appropriation de biens : il est recommandé de choisir un bon avocat...

Quant aux enfants des couples qui sont le théâtre des agissements d'un pervers narcissique, ils souffrent évidemment beaucoup. L'enfant s'identifie toujours à la victime et prend parti pour elle, ce qui l'expose d'autant plus à être lui aussi manipulé. La manipulation exercée à l'encontre des petits est également destinée à la mère et a des conséquences importantes sur elle. Le manipulateur cherche à la discréditer auprès des enfants, bref, à apparaître, lui, comme une victime. Par exemple, il accusera sa compagne de vouloir tous « les abandonner », lui y compris, par négligence, ingratitude, folie... Coûte que coûte, le manipulateur pervers tentera de mettre les enfants de son côté et, surtout, de les monter contre leur mère. Non pas qu'il désire particulièrement s'occuper d'eux ; l'important est plutôt, pour lui, de nuire à son (ex-)femme. Au moment du divorce, le manipulateur pervers fera tout, en général, pour obtenir le droit de garde, uniquement pour contrecarrer sa compagne. Les enfants se trouveront alors au beau milieu de la tempête judiciaire déclenchée par le pervers narcissique, qui ne renonce jamais. Lors de la séparation, le manipulateur pervers se situe encore dans une optique destructrice : il continue de léser sa compagne. Le fait de demander la garde des enfants laisse entendre que leur mère ne serait pas digne ou pas capable de les élever seule. De même, le seul geste d'effectuer cette demande met le pervers en lumière sous un jour flatteur : courageux, responsable, bon père. Les enfants sont donc des objets ballottés au gré des conflits. Ils ressentent sans aucun doute le manque d'affect de ces démarches, de la part du parent manipulateur. Il convient de ne pas les bercer d'illusions. La femme elle-même ne doit pas s'entêter à défendre son compagnon comme elle l'a probablement fait au cours des années, sous prétexte de préserver une bonne relation père-enfants pour le bien supposé de ces derniers.

Après la séparation effective, le soulagement concerne à la fois la femme et ses enfants. Tous auront à se reconstruire. À ce propos, il est à noter que l'équilibre retrouvé des enfants dépendra en grande partie de la reconstruction de la mère. En se « faisant du bien », elle en fera par conséquent à ses enfants…

La démarche thérapeutique

La première démarche à entreprendre est donc celle de rencontrer un thérapeute compétent qui, rappelons-le, n'est jamais dans le jugement. Il est important qu'il soit psychanalyste pour au moins deux raisons : sa formation lui permet de comprendre les difficultés exprimées avec des concepts psychanalytiques, tels le refoulement et l'inconscient, et il va se servir de la relation et des sentiments qui s'y expriment, dans le transfert et le contre-transfert. De plus, comme nous l'avons vu, les difficultés rencontrées avec un pervers narcissique renvoient à des événements très archaïques ; il est également essentiel qu'il connaisse bien les mécanismes en action dans les situations d'addiction et, bien sûr, que la patiente se sente entendue dans sa souffrance. La meilleure thérapie indiquée est la psychothérapie d'inspiration analytique, donc en face à face, qui va permettre de soutenir et d'intervenir de manière « contenante ». On entend par là le fait que le psychanalyste soit en mesure de recevoir et de contenir, puis de renvoyer, afin que la patiente s'approprie enfin la pensée qui est la sienne. Dans un premier temps, le thérapeute fera donc office, notamment, d'espace psychique servant de prothèse narcissique à la femme qui avait perdu toute estime d'elle-même.

Des difficultés d'une grande intimité devront être abordées. C'est un travail de mise en mots, là où il n'y avait que souffrance indicible. Pour reprendre l'expression mentionnée précédemment, « on ne vole pas une caisse vide ». Si le pervers a choisi telle femme plutôt qu'une autre, c'est aussi parce qu'elle n'était pas « vide ». Lors de la thérapie, elle va devoir retrouver ce précieux trésor. Il va donc s'agir, notamment, d'un travail de restauration, l'objectif étant de retrouver une richesse antérieure qui n'avait pas disparu mais était seulement « enfouie », submergée par la vague d'assujettissement.

Étant donné le lien entre l'histoire ancienne de la patiente, ses failles et l'histoire vécue auprès du pervers narcissique, il apparaît évident que les recettes toutes faites des thérapies comportementalistes ne pourront rien résoudre. Héritage du béhaviorisme américain, celles-ci s'attachent au symptôme et non à sa source, avec la mise en œuvre de techniques proches du conditionnement. Or la patiente, qui a déjà subi un grave conditionnement de la part de son compagnon pervers narcissique, doit absolument se libérer de *toute* démarche de ce genre et retrouver « sa » vérité. Le comportementalisme a des visées adaptatives et non curatives. Le pourquoi n'est pas exploré. L'angoisse est seulement maîtrisée là où elle s'exprimait, mais ne disparaît pas pour autant ; elle peut, au contraire, aller se fixer ailleurs, par exemple à travers des maladies psychosomatiques. Le comportementalisme, considérant que le problème est de l'ordre des réflexes, proposera simplement de « reprogrammer » autrement.

Le cas de la compagne d'un pervers manipulateur nécessite d'aller réparer la faille narcissique ; sinon, la victime entrera dans un cycle de répétition, retombant à la moindre occasion dans les bras d'un homme de même facture.

Prise de contact et confiance partagée

Judith a appelé un mardi pour prendre un rendez-vous « en urgence ». Au son de sa voix, le thérapeute perçoit que s'il ne lui propose pas de la recevoir très rapidement, elle ne viendra pas. À quoi bon attendre et la laisser souffrir ? Sa demande, comme toute demande, a besoin de mûrir, elle pourra l'affiner en consultation... Il lui propose donc un rendez-vous pour le surlendemain.

Nous pensons qu'il est essentiel de ne pas attendre ni faire attendre une patiente qui se sent dans ce type d'urgence. N'oublions pas qu'elle est en proie à un sentiment de dépossession, de perte d'elle-même. Elle le dit d'ailleurs littéralement.

Elle se présente le jeudi suivant et le thérapeute a soudain l'impression que la douleur vient d'entrer dans son cabinet. Mais ce qui le frappe le plus, c'est ce regard paniqué qui cherche à « accrocher » le sien. Elle donne l'image de quelqu'un qui est en train de se noyer ou qui est au bord d'un vide vertigineux. Face à face, le thérapeute « sait » qu'il ne peut pas lâcher ce « contact », ce regard qui le scrute, qui s'agrippe à lui. L'intensité de ce qui s'y joue est grande : le thérapeute pense alors à cette « agonie primitive », la crainte d'« effondrement » dont parle D. W. Winnicott. Elle cherche sans cesse à percevoir sur le visage du thérapeute s'il est bienveillant, s'il la « comprend ». Winnicott disait également qu'en l'absence de relation adéquate avec la mère, le bébé scrutera les variations de son visage afin de prévoir son humeur comme on scrute le ciel pour voir le temps qu'il fera. Alors, Judith commence à parler de ses cinq ans de relation avec Étienne, ses espoirs déçus, sa douleur et l'impasse dans laquelle elle se trouve : « Je ne peux pas le quitter, sinon je *me* perds, je ne peux pas rester non plus, sinon je suis perdue. » C'est comme si, dans cette phrase, tout était dit de son ressenti actuel. Un rendez-vous est pris pour la semaine suivante.

Après cette prise de contact qui a donc pour fonction de se rencontrer et d'évaluer ensemble si un travail peut être entamé dans une confiance réciproque vient une deuxième étape.

« État des lieux »

Après ce premier entretien, la relation thérapeutique se noue dans un cadre empathique, le thérapeute devant maintenir la bonne distance (qu'il va lui falloir garder tout au long du travail), ni trop éloignée ni trop proche, exercice difficile tant, nous allons le voir, la patiente demande beaucoup.

À la séance suivante, Judith semble plus « confiante », la douleur est moins envahissante, les mots plus faciles, mais son regard « vérifie » toujours que le thérapeute est bien présent et attentif. Il est donc possible de lui demander de (se) raconter et de parler de sa rencontre avec Étienne. Judith a 37 ans, elle est jolie, mais manifeste toujours cet air triste et apeuré, comme sur ses gardes. Elle était, il y a cinq ans, dans une situation professionnelle plutôt confortable : responsable des ressources humaines dans un établissement de soins, elle aimait ce qu'elle y faisait, privilégiant tout en les conjuguant, comme elle dit, l'humain aux ressources. Dans sa vie privée, elle vivait seule depuis un peu plus d'un an, pratiquait trois fois par semaine le jogging, sortait avec ses amis, avait une vie sociale et culturelle épanouie. Elle raconte ses moments de *blues* et quelques excès alimentaires compulsifs dans ces moments-là, mais « rien de grave », dit-elle. « J'étais peut-être un peu trop dépendante de mes amis, déprimée lorsqu'ils ne m'appelaient pas ou qu'ils décommandaient au dernier moment. – Comme s'ils vous abandonnaient ? lui propose le thérapeute. – Oui, c'est un peu ça, je ne savais pas quoi faire dans ces moments-là, je n'avais pas de "plan B", alors, je me consolais avec un peu trop de chocolat. – C'était une douceur que vous vous faisiez à vous-même ? – Oui, mais je me sentais coupable. »

Nous le présageons, Judith présentait déjà, avant la rencontre avec Étienne, une certaine fragilité, une « adhésivité » dans les relations (comme le disait Meltzer) mais qu'elle gérait relativement bien. Elle n'a pas pu, encore, parler de cette rencontre à cette séance-là. Trop tôt, trop douloureux, besoin d'encore plus de confiance.

Elle raconte

C'est donc lors de la troisième consultation qu'elle évoque le besoin qu'elle a ressenti de rencontrer un homme cinq années auparavant. Séparée alors depuis un an de son compagnon « trop gentil », dit-elle, elle vivait seule. Elle « tombe » littéralement sur Étienne au centre Georges-Pompidou lors d'une exposition sur Pierre Bonnard, elle trébuche devant un tableau représentant une fenêtre ouverte, fascinée par le jaune de la toile. Étienne la rattrape par le bras, fermement ; ses premiers mots seront : « Heureusement que j'étais là ! »

D'une façon évidente, tout était déjà contenu dans cette petite phrase, même si personne n'aurait pu imaginer la suite. Cette phrase fait écho, elle le comprendra avec l'aide du thérapeute, à cette absence maternelle précoce dont nous avons parlé précédemment. *Lui* est là ! C'est ce qu'il dit.

Le transfert

La demande de Judith est d'une rare intensité, ce que les psychanalystes appellent le « transfert » est ici massif, immédiat après la mise en confiance : cela ressemble à un mouvement passionnel. Elle place la relation dans le registre du besoin, mais le dispositif thérapeutique permet d'interpréter et, à terme, de se séparer (une fois le travail terminé) sans blessure. Très rapidement, au fil des autres séances, Judith se montre triste en fin de consultation, ses poignées de main se font plus insistantes, il lui est difficile de partir. Elle dit avoir peur de la séparation, comme si elle devait ne jamais revoir le thérapeute. « C'est comme si je laissais une partie de moi dans votre cabinet, je me sens incomplète une fois dehors, c'est une douleur insupportable. Je me demande toujours si vous allez être là lors de notre prochain rendez-vous, peut-être que je vous ennuie, que vous avez des patientes plus intéressantes. » Petit à petit, elle adresse des courriels à son thérapeute auxquels celui-ci répond par un accusé de réception ou lui propose de parler de son contenu lors de la séance suivante, mais le seul objectif de cette correspondance est de maintenir la continuité du lien : elle s'agrippe comme ces tout jeunes enfants dont nous avons parlé plus haut. Lors des vacances de « son psy », les courriels se font plus fréquents, plus angoissés, il arrive qu'un contact téléphonique soit nécessaire, sans durer très longtemps, il ne s'agit jamais d'une consultation à distance, mais juste de s'assurer qu'éloignement ne rime pas pour elle avec disparition. Après quelques séances, il apparaît que Judith vit une angoisse d'abandon, qui explique pourquoi elle a pu supporter toutes ces humiliations, toute cette souffrance aux côtés d'Étienne : « J'avais peur qu'il me quitte et qu'il me quitte pour toujours, j'avais tellement besoin de lui. » C'est sur le thérapeute que s'est déplacée cette angoisse qui fera l'objet d'un travail de plusieurs mois. Judith attend beaucoup de l'aide que le thérapeute peut lui apporter. Elle a besoin d'être rassurée sans cesse. Mais, peu à peu, elle comprend que ce n'est pas de cette absence-là dont elle souffre, ce qui la rend plus supportable.

L'élaboration

Le travail qui va suivre est celui d'une élaboration et d'une compréhension des mécanismes à l'œuvre dans la relation avec Étienne : à quoi a-t-elle cru ? Pourquoi cette persistance d'un « mensonge » à elle-même ? Qu'attendait-elle comme réparation d'une douleur déjà existante ? Quelle était la fonction de cette relation par rapport à son histoire ? Pourquoi lui a-t-elle « donné » un tel pouvoir sur elle-même ? Il faut la ramener à son désir inconscient ; elle trouvera progressivement les réponses en elle-même et comprendra que c'est l'accès à ces ressources qui est entravé.

Ces questions vont être travaillées tout au long de cette phase dite d'« élaboration ». Judith ne va pas trouver cette réparation qu'elle cherche depuis toujours, mais elle pourra identifier les points les plus douloureux de son histoire, les comprendre et, plus tard, éviter de se placer dans des situations génératrices des mêmes désillusions, des mêmes souffrances.

La reconstruction

Dans pareille situation, nous l'avons vu, l'identité est « dévastée. » Judith dit : « Je ne me sens plus rien, moins que rien, j'ai perdu tout ce que j'étais ; avant j'étais joyeuse, gaie, j'avais des amis, je courais trois fois par semaine, j'aimais partir en vacances, maintenant, je n'ai plus rien, plus envie de rien, je ne sais plus ce que j'aime ; mes amis doivent m'en vouloir de les avoir abandonnés : c'est le vide. »

Cette jeune femme dit exactement ce qu'elle a perdu et souhaite retrouver ! C'est en fonction de tout ce qu'elle exprime que le thérapeute pourra l'aider à (se) reconstruire. Elle a besoin d'un soutien à son souhait de reconstruction, pas que l'on désire à sa place (un thérapeute n'est pas un maître à penser !), mais d'un étayage à ce désir encore si fragile. Donc, si Judith aime courir, elle doit aller courir !

« Je suis retournée courir samedi, ça a été très difficile de prendre la décision, j'ai pensé à nos séances et je me suis motivée. Honnêtement, j'ai eu peur que vous ne soyez pas content. Et puis, après dix minutes, j'ai retrouvé le plaisir que j'y prenais, c'était incroyable, à nouveau ces sensations dans mon corps, ce bien-être, je n'avais plus connu cela depuis... – Depuis que vous avez rencontré Étienne ? propose le thérapeute. – Oui, c'est pourtant ce que j'aime ! »

L'élément perturbateur le plus compliqué à prendre en compte est, nous l'avions presque oublié, le pervers narcissique qu'elle a quitté ! Il risque de venir perturber ce travail thérapeutique et, en même temps, ses « attaques » font partie de ce qui est à traiter. Pour pouvoir se reconstruire, il va être nécessaire de le tenir à distance, si ce n'est pas déjà fait. Judith exprime donc ce qu'elle a perdu et veut retrouver : elle-même. Cela passera par la reprise de ces activités dont Étienne l'avait progressivement isolée : elle doit se remettre à courir, petit à petit, seule ou avec des amis recontactés (ils se montrent souvent plus fidèles qu'on ne l'avait craint). Étienne, dans ses excès de « mauvais perdant », se décrédibilise et se dévoile plus qu'il ne le voudrait. Le thérapeute doit soutenir toutes ces tentatives de reconstruction. Judith est dans une spirale dépressive : peu d'estime d'elle-même, donc peu de désir, peu de désir donc pas de satisfaction et pas de satisfaction donc pas de désir. Mais cette logique peut s'inverser : la satisfaction d'un désir ranime la flamme désirante, une satisfaction donne envie de poursuivre.

Cette étape de la thérapie peut être longue, car il s'agit à la fois de reconstruire et de construire ce qui ne l'était pas « avant ».

Le changement

Ce que nous appelons le changement est une modification en profondeur du rapport de Judith au monde et à elle-même. Une fois Étienne écarté (et il finit par partir vers une autre femme, une autre « victime ») il faut mettre des mots sur le vide créé par son absence. La patiente va pouvoir aborder un changement en profondeur. Elle ne changera pas sa propre histoire, mais modifiera son rapport à ce vécu et l'interprétation qu'elle s'en donne. Ce travail de psychothérapie devrait la mettre à l'abri de la répétition de situations si douloureuses. Pour le dire autrement, elle pourra éviter à l'avenir de se retrouver dans des nœuds relationnels pathogènes, là où son inconscient la menait, elle prendra conscience des dangers avant de s'y retrouver et les évitera. Ce qui doit changer, c'est bien de prendre conscience de ce qui était inconscient dans sa démarche « affective », que sa demande d'amour ne s'adressait pas dans sa totalité à son partenaire, ni d'ailleurs au thérapeute, mais bien à celle qui n'a pas pu/su être là au bon moment (sa mère), d'une manière « suffisamment bonne », et cette absence-là, ce manque-là, ne se réparent pas, ne se comblent pas : on peut en limiter les effets, on peut vivre avec ce manque sans que *tout* manque.

La psychothérapie avec Judith a duré un an et demi et a permis une séparation sans l'effondrement tant redouté. Aujourd'hui, Judith a évolué professionnellement, elle s'est « déployée », dit-elle. Ses amis ont fini par admettre qu'ils avaient aussi été bernés par Étienne et lorsque, d'un commun accord, Judith et son thérapeute mettent fin au travail mené ensemble, elle envisage de rencontrer « un homme qui ne serait pas un imposteur ». Mais laissons-lui le mot de la fin : « Avant de rencontrer Étienne, je ne vivais pas si mal que ça, une vie un peu banale et routinière, je m'ennuyais souvent. Aujourd'hui, j'ai le sentiment de vivre plus pleinement, d'accepter mes potentialités humaines, affectives, que la vie peut avoir un sens mais que c'est à moi de le trouver. Vous m'avez aidée à trouver les clés qui me manquaient : merci. Je peux toujours vous appeler… au cas où ? »

Une fois la porte refermée, le thérapeute a un léger sourire : « Bonne chance, Judith », pense-t-il.

Conclusion

La difficulté d'exister en tant qu'être unique, autonome, indépendant et défini, mais lié au « tout », à l'origine, fait surgir un désir de complétude, surtout chez les personnes qui portent au plus profond une carence, une faille. Pour elles, l'autre sera celui qui finit, et qui définit. La manipulation s'installe aisément dans les relations des êtres en manque car il existe une intention (inconsciente), une quête, en aval de la rencontre. Le manipulateur ou la manipulatrice chercheront celui ou celle qui possède cette faille et, vice versa, la personne encline à la dépendance affective se laissera facilement « enrôler » par eux. Nous avons tous besoin d'autrui, même sans nous l'avouer. Certain(e)s iront vers un(e) partenaire pour tenter d'accéder à une osmose utopique, en suivant le chemin de la tentation fusionnelle. Mais certains, refusant de considérer l'autre dans son identité propre, agissent par vampirisme, comme le pervers narcissique qui va, quant à lui, jusqu'à puiser indéfiniment dans sa partenaire la substance lui faisant défaut. Il existe des relations qui révèlent ainsi, presque spontanément, une imbrication apparemment « parfaite ».

Il est frappant, d'ailleurs, de constater combien le lien est fort entre manipulateur(trice) et manipulé(e), comme si l'autonomie était non souhaitée ou difficile d'accès. Pourtant, la différenciation est une loi première de la nature ; elle marque l'histoire de chaque être vivant. La vie du « petit d'homme » est jalonnée de séparations : de la naissance au sevrage, de la prise d'autonomie lors de l'adolescence à la vie indépendante. La différenciation, par le biais des séparations, constitue le parcours nécessaire à la construction de chacun. C'est en cela que l'on acquiert son identité. Se séparer, c'est se différencier et donc, se définir, comme les cellules, au tout début de la vie.

Se reconnaître et se créer en tant qu'être unique, sans nier l'autre : tout est là, et le paradoxe n'est pas des moindres, chez le pervers narcissique qui cherche à effacer l'autre et en a, malgré cela, tant besoin pour s'approvisionner en substance narcissique ! Et, pour ce faire, il utilise d'abord et avant tout les mots.

Dans la relation de manipulateur(trice) à manipulé(e), le signe manifeste de la négation de l'autre réside, en effet, dans la non-communication, car s'il n'y a pas d'altérité, la parole ne se déploie pas. On ne s'adresse pas véritablement à quelqu'un qui n'existe pas… Toutefois, la carence de dialogue authentique ne rime pas forcément avec silence, car il s'agit ici de parole servant à communiquer, celle qui justement fait gravement défaut au manipulateur. Il est possible de « dire des mots » sans vraiment instaurer de dialogue avec l'autre, ni l'écouter en retour. Certains hommes de pouvoir, très intellectuels, avec une position sociale prestigieuse, savent manier ainsi le langage. La femme en dépendance affective est particulièrement attirée par ce genre d'homme, qui la complète abondamment et la définit en lui conférant un statut.

Cet attachement ablatif détruit la personne, dont les aspirations restent en marge, en attente, « en souffrance », comme les bagages perdus dans les gares ou les aéroports. L'amour ne signifie pas l'« absorption », encore moins la destruction. Tout cela n'est d'ailleurs pas de l'amour. Il est erroné, par exemple, d'associer la jalousie à l'attachement affectif. « Il est jaloux ; c'est une preuve d'amour » : une idée destructrice parmi tant d'autres… Le bonheur lui-même ne dépend pas *uniquement* de l'amour. Aussi convient-il de ne pas lui attribuer un effet miracle, si importante que la sphère sentimentale puisse être. Les manipulateurs, et surtout le pervers narcissique, ne changent pas ni ne regrettent leurs manœuvres ou leurs actes.

La première précaution consiste donc à veiller à rester soi-même, ce dans toute relation. Savoir poser des limites, « demander » le respect. Rester libre ou le devenir implique aussi d'accepter de ne pas être aimé(e) de tous, universellement, d'oser susciter le désaccord. Si le respect d'autrui passe par l'écoute, la trop grande importance accordée à l'opinion du/de la partenaire peut, elle, amener à entrer dans un moule formaté, ad hoc, « pour lui plaire », ce qui conduit évidemment à l'effacement. De même, il est inutile de s'imposer de fausses règles, de fausses lois que l'on devrait suivre au nom de principes obsolètes ou contraignants. Si les enfants pâtissent de la séparation des parents, ils sont parfois encore plus atteints par une non-séparation, une vie à l'enseigne de l'agressivité latente ou déclarée, par le fait de voir un parent se rabougrir au fil des ans, rongé d'insatisfaction.

Enfin, la différence entre les difficultés ordinaires du couple et la manipulation destructrice reste fondamentale pour une évaluation équilibrée de la relation. Les premières représentent un péché véniel, la deuxième est une perversion. La manipulation réitérée, celle qui entame et consume petit à petit l'estime de soi, peut laisser des traces que seule une psychothérapie, voire une analyse, pourra aider à surmonter.

Comment résister, comment s'en sortir ?

Commençons par nous aimer nous-mêmes, par ne jamais nous perdre de vue…

Adresses et liens utiles

Site officiel du Service aux droits des femmes, à l'égalité et à la parité : http://www.femmes-egalite.gouv.fr/

Association d'aide aux victimes de violences psychologiques (AAVVP) : l'association a été créée afin d'informer et d'orienter vers des professionnels compétents dans la prise en charge de ce type de dépendance.

Pour tous renseignements : 06 03 90 93 98

www.violencespsychologiques.com

Lutte contre les violences faites aux femmes

Association européenne contre les violences faites aux femmes au travail (AVFT) : l'AVFT est une association féministe autonome qui défend les droits au travail et à l'intégrité de la personne. Elle a pour champ d'action et de réflexion toutes les formes de violences contre les femmes, bien qu'elle se soit spécialisée dans la dénonciation des violences sexistes et sexuelles au travail.

www.avft.org

LE 3919

Si vous êtes victimes ou témoins de violences conjugales, appelez le 3919, numéro national unique destiné aux victimes ou témoins de violences conjugales. Appel gratuit. Ouvert du lundi au samedi de 8 heures à 22 heures, les jours fériés de 10 heures à 20 heures.

Hébergement d'urgence : 115

Samu : 15

Police secours : 17

Citoyens et Justice

8, rue du Petit-Goave, BP94, 33008 Bordeaux.

www.citoyens-justice.fr

INAVEM : Institut national d'aide aux victimes et de médiation.

1, rue du Pré-Saint-Gervais, 93691 Pantin cedex.

www.inavem.org

FNSF : Fédération nationale solidarité femmes.

32, rue des Envierges, 75020, Paris.

Fnsf.doc@wanadoo.fr / www.solidaritefemmes.asso.fr

VIFF-SOS femmes ; VIFF-Aide aux victimes.

156, cours Tolstoï, 69100 Villeurbanne.

Viff.sav.doc@wanadoo.fr

SOS Femmes accueil : physique, psychologique, verbale, émotionnelle, sexuelle, économique... la violence se manifeste sous des aspects très variés.

http://www.sosfemmes.com/index.htm

Femme victime de violence

http://pagesperso-orange.fr/association.agena/femme_et_violence.html

Collectif féministe contre le viol : le Collectif féministe contre le viol (CFCV) a été créé en 1985.

Il assure un numéro vert (Viols femmes informations,

0 800 05 95 95) financé par les pouvoirs publics, d'aide, de soutien et de solidarité en direction des victimes de viols. Il anime des groupes de paroles de victimes et organise des actions de prévention dans les écoles, collèges et lycées. Il organise aussi des actions de formation auprès de tous les publics concernés par l'accueil des victimes de viol.

www.cfcv.asso.fr

Santé

Mouvement français pour le planning familial (MFPF) : le mouvement français pour le planning familial est une association qui a pour objectif d'être un lieu de parole.

www.planning-familial.org

Réseau Victimo : le réseau Victimo est un réseau de santé. Son objectif est d'optimiser la prise en charge des personnes qui ont vécu un événement traumatique (accidents, agressions, maltraitance, violences...) et présentent des troubles psychiques suite à ce traumatisme.

www.victimo.fr

L'aide juridictionnelle

Comment obtenir l'aide juridictionnelle[1]

Vous souhaitez divorcer ou entamer une procédure à l'encontre de votre « compagnon » mais vos ressources sont insuffisantes : vous pouvez bénéficier de l'aide juridictionnelle. L'État prend en charge la totalité ou une partie des frais de votre procédure pour vous aider à bénéficier d'un avocat. Cette aide dépend de vos revenus. Elle sera versée aux professionnels de la justice (avocat, huissier de justice...) qui vous assisteront.

1. Source : site gouvernemental officiel : www.vos-droits.justice.gouv.

Vous pouvez en bénéficier si :

– vous êtes de nationalité française ou ressortissant de l'un des États membres de l'Union européenne ;

– vous êtes de nationalité étrangère et que vous résidez régulièrement et habituellement en France ou alors que vous bénéficiez d'une convention internationale. Cette condition de résidence n'est pas exigée si vous êtes mineur.

Quelles sont les conditions de ressources ?

La moyenne mensuelle de vos ressources perçues entre le 1er janvier et le 31 décembre de l'année précédant la demande, sans tenir compte des prestations familiales et sociales, doit être inférieure à un plafond de ressources fixé par décret et réévalué chaque année.

Les ressources englobent celles de votre conjoint, partenaire, de vos enfants mineurs non émancipés et des personnes vivant habituellement au foyer.

Il est tenu compte :

– des revenus du travail ;

– et de toutes autres ressources (loyers, rentes, retraites, pensions alimentaires...) ;

– de l'ensemble de vos biens (mobiliers et immobiliers...).

Les bénéficiaires du RMI ou du Fonds national de solidarité ou d'insertion sont dispensés de justifier de leurs ressources. Au cas où vous ne rempliriez pas les conditions de ressources, l'aide juridictionnelle peut néanmoins vous être accordée à titre exceptionnel.

Pour des informations plus détaillées, vous pouvez vous procurer le formulaire Cerfa n° 51036#02

Pour rédiger votre demande, procurez-vous le formulaire Cerfa n° 12467*01 imprimable sur le site http://www.vosdroits.justice.gouv.fr.

Bibliographie

Aulagnier Piera, *Les Destins du plaisir*, PUF, 1979.

Aulagnier-Spairani Piera, Clavreul Jean, Perrier François, Rosoloato Guy, Valabrega Jean-Paul, *Le Désir et la Perversion*. Le Seuil, 1967.

Badinter Élisabeth, *L'un est l'autre*, Odile Jacob, 1986 ; *XY. De l'identité masculine*, Odile Jacob, 1992.

Brusset Bernard, *Psychanalyse du lien*, Le Centurion, 1988.

Clavreul Jean, *Le Désir et la Loi*, Denoël, 1987.

David Christian, *L'État amoureux*, Petite bibliothèque Payot, 1971.

Didier-Weil Alain, *Les Trois Temps de la loi*, Le Seuil, 1995.

Dolto Françoise, *L'Image inconsciente du corps*, Le Seuil, 1984.

Dor Joël, *Structure et perversions*, Denoël, 1987.

Dougall Joyce Mc, *Éros aux mille et un visages*, Gallimard, 1996.

Eiguer Alberto, *Le Pervers narcissique et son complice*, Dunod, 2003.

Ferrand Michèle, *Féminin Masculin*, La Découverte, 2004.

Freud Sigmund, *Névrose, psychose et perversion*, PUF, 1981.

Geberovich Fernando, *Une douleur irrésistible*, InterÉditions, 1984 ; *No satisfaction. Psychanalyse du toxicomane*, Albin Michel, 2003.

Green André, *Narcissisme de vie. Narcissisme de mort*, Éditions de Minuit, 1983 ; *La Folie privée*, Gallimard, 1990.

Grinberg Léon, Sor Dario, Bianchedi Élisabeth de, *Nouvelle introduction à la pensée de Bion*, Césura, Lyon, 1996.

Hirigoyen Marie-France, *Femmes sous emprise*, Pocket, Oh! Éditions, 2005.

Israël Lucien, *L'Hystérique, le sexe et le médecin*, Masson, 1985.

Khan Masud, *Figures de la perversion*, Gallimard, 1981.

Lacan Jacques, *Écrits*, Le Seuil, 1966.

Nasio Juan-David, *L'hystérie ou l'enfant magnifique de la psychanalyse*, Payot, 2001.

Racamier Paul-Claude, *Le Génie des origines. Psychanalyse et psychoses*, Payot, 1992.

Roudinesco Élisabeth, *Pourquoi la psychanalyse*, Paris, 1999.

Singly François de, *Sociologie de la famille contemporaine*, Nathan, 1993.

Watzlawick Paul, Weakland John, Fish Richard, *Changements*, Le Seuil, 1975.

Winnicott Donald Woods, *Jeu et réalité*, Gallimard, 2002.

« Perte d'objet, perte d'amour, douleur », *Revue française de psychanalyse*, PUF, 1986.

« L'emprise », *Nouvelle Revue de psychanalyse*, n° 24, Gallimard, 1981.

« Narcisses », *Nouvelle Revue de psychanalyse*, n° 13, Gallimard, 1976.

Table

Dans la même collection

Nadine Bauthéac, *Hommes et femmes face au deuil*

Claudine Badey-Rodriguez, *La vie en maison de retraite*
– *J'ai décidé de bien vieillir*

Anne Belot et Joëlle Chabert, *Vivre le grand âge de nos parents*

Dr Christophe Fauré, *Vivre le deuil au jour le jour*
– *Vivre ensemble la maladie d'un proche*
– *Le couple brisé, de la rupture à la reconstruction de soi*
– *Après le suicide d'un proche, vivre le deuil et se reconstruire*
– *Ensemble mais seuls, apprivoiser le sentiment de solitude dans le couple*

Micheline Garel et Hélène Legrand, *L'attente et la perte du bébé à naître*

Marcela Gargiulo et Martine Salvator, *Vivre avec une maladie génétique*

Catherine Garnier-Petit, *Mal de mère, mal d'enfant*

Corine Goldberger, *Quand la mort sépare un jeune couple, le veuvage précoce*

Philippe Hofman, *Une nouvelle vie pour les seniors, psychologie de la retraite*

Dr François Marchand et Françoise du Sorbier, *Des nuits sans insomnie, pour en finir avec les troubles du sommeil*

Élise Ricadat et Lydia Taïeb, *Après le cancer du sein*

Composition IGS-CP
Impression : Imprimerie Floch, octobre 2011
Éditions Albin Michel
22, rue Huyghens, 75014 Paris
www.albin-michel.fr
ISBN : 978-2-226-19513-5
N° d'édition : 18912/06 – N° d'impression : 80784
Dépôt légal : février 2010
Imprimé en France.